Vida en radical
Defiende tu fe

Norman Geisler y
Joseph Holden

¡Español!

D1410505

Vida en radical: Defiende tu fe
© 2006 por Norman Geisler y Joseph Holden
Reservados todos los derechos
Derechos internacionales registrados

Publicado por Broadman & Holman Publishers
Nashville, Tennessee 37234

ISBN-10 0-8054-3076-8
ISBN-13 978-0-8054-3076-9

Publicado originalmente en inglés por Broadman & Holman Publishers
con el título *Living Loud: Defending Your Faith*
© 2002 por Norman Geisler y Joseph Holden

Traducido al español por *Alicia Ana Güerci*
Diseño interior por *Grupo Nivel Uno, Inc.*

Las citas bíblicas son de la Biblia Reina-Valera Revisada 1960
© 1960 por Sociedades Bíblicas en América Latina
Usadas con permiso

Clasificación decimal Dewey: 230
Temas: CRISTIANISMO—TEOLOGÍA \ TEOLOGÍA DOCTRINAL

Impreso en los Estados Unidos de América

1 2 3 4 5 10 09 08 07 06

Índice

Acerca de los autores

NORMAN L. GEISLER, presidente y profesor de teología y apologética en el *Southern Evangelical Seminary*, es un destacado apologista creyente que ha escrito más de cincuenta libros. Entre ellos se encuentran *Baker's Encyclopedia of Apologetics* [Enciclopedia apologética de Baker], *Unshakable Foundations* [Fundamento firme], *Answering Islam* [Cómo responder al Islam], *When Skeptics Ask* [Las preguntas de los escépticos], *When Critics Ask* [Las preguntas de los críticos] y *When Cultists Ask* [Las preguntas de los cultistas].

JOSEPH M. HOLDEN, profesor adjunto del *Faith Seminary*, obtuvo su maestría en apologética en el *Southern Evangelical Seminary* de Charlotte, Carolina del Norte.

Reconocimientos

Este libro está dedicado afectuosamente a nuestras esposas, Barbara y Theresa, quienes a través de los años nos han respaldado con amor y paciencia. Estamos especialmente agradecidos por el ánimo que nos brindaron durante el tiempo en que escribimos este libro.

Deseamos ofrecer un reconocimiento especial a Brad Adams, quien trabajó diligentemente en las ediciones gramaticales iniciales y en las situaciones creativas del manuscrito a fin de ayudar en la preparación para la publicación. También les estamos agradecidos a Steve Strimple de la *Santa Fe Christian Upper School* y a Steve Keels por las sugerencias útiles que nos proporcionaron para producir un manuscrito que fuese al mismo tiempo práctico y significativo.

Finalmente, queremos expresar nuestro agradecimiento a Gary Terashita y al personal de Broadman & Holman por creer en este trabajo.

Por sobre todas las cosas, estamos en deuda con nuestro Señor, quien nos ha dado la habilidad para intercambiar ideas en cuanto a Él y su creación. Nuestra esperanza es que el lector sea inducido a tener una relación más íntima con Dios.

Introducción

Para padres y maestros

¿Por qué razón desarrollamos un manual de estudio para alumnos de escuela secundaria? Porque los alumnos de este nivel en los Estados Unidos se encuentran en las primeras filas de combate de la guerra espiritual que se desarrolla entre las personas que adoran a Dios y aquellos que buscan cultivar un mundo apartado de Él. Sí, las líneas de batalla están mucho *más allá* de ser delimitadas. El enemigo y sus serviles seguidores han lanzado una ofensiva desde varios frentes en contra de los fundamentos morales de nuestro país y sus instituciones.

¿Qué evidencias hay de esta guerra? ¿Quién está ganando? Las noticias que provienen del frente de batalla no son buenas. Considera las siguientes estadísticas recopiladas por William Bennett, antiguo secretario de educación de la gestión Reagan.

- Los resultados de los exámenes de aptitud académica (SAT) cayeron setenta y tres puntos, aun cuando los gastos por ajuste de inflación ascendieron más del 200%.
- Los crímenes violentos subieron un 550%.
- Los nacimientos de madres solteras se elevaron un 400% (corresponde a un 30% de todos los nacimientos).
- El número de jóvenes solteras que dieron a luz se incrementó en un 200% aproximadamente; el 40% de todos los embarazos de muchachas jóvenes terminaron en aborto).
- El aborto tuvo lugar en uno de cada cuatro embarazos; casi 40 millones para 1998 (más del 90% de todos los abortos no tuvieron nada que ver con violación, incesto ni protección de la vida de la madre).
- El suicidio juvenil subió un 200%.
- El divorcio se incrementó en un 125%.[1]

1

Todo esto ocurrió entre 1962 y 1990 mientras la población del país sólo aumentó el 41%. Según estas estadísticas, es una total derrota, y nuestro lado parece estar perdiendo terreno rápidamente.

¿No tenemos el mejor equipamiento en la Palabra de Dios? ¿No encontramos en Jesús al mejor líder? ¿No gozamos de la mejor inspiración en el Espíritu Santo? ¿Y no tenemos en Dios al mejor proveedor, el cual todo lo sabe, todo lo puede, está siempre presente y es absolutamente fiel y bueno? ¡Desde luego que sí!

No obstante, no parecemos ser capaces de *defender* nuestra fe de manera efectiva y decidida. A menudo no nos hallamos preparados para enfrentar las preguntas difíciles y los desafíos que la oposición nos lanza con tanta agresividad. Quedamos bloqueados por la vergüenza y el desconcierto que nos envuelven al no poder ofrecer una explicación razonable de nuestra fe debido a que no nos hemos colocado ni la armadura ni el equipamiento necesario. Tenemos que ser capaces de defendernos de los ataques y de lanzarnos a la ofensiva a fin de reclutar en nuestras filas a los miembros del equipo opositor. Jesús nos dio este mandamiento en Mateo 28:19-20.

La falta de educación religiosa y moral nos ha dejado indefensos, sin las municiones necesarias para hacer la guerra y sin la defensa apropiada para acarrear la cruz. No debe sorprendernos que los datos desalentadores proporcionados por Bennett pertenezcan al mismo período en que la Suprema Corte de los Estados Unidos decretara como inconstitucionales todos los puntos siguientes dentro de las escuelas públicas: tiempo devocional de oración (1962), lecturas bíblicas (1963), los Diez Mandamientos (1980) y la enseñanza de la creación junto con la evolución (1987). Bajo el clamor de la "separación entre la iglesia y el estado", la oposición quitó por la fuerza del sistema de educación pública todo lo relacionado con la formación moral judeocristiana. (Es irónico pensar que, en cierto momento, el plan de estudio de un programa académico *liberal* incluía entrenamiento religioso y moral.) G. Richard Bozarth, un ateo declarado, expresó con confianza y enfáticamente a fines de la década del 70: "Finalmente, es algo irresistible. Debemos preguntarnos cómo podemos matar al dios del cristianismo. Sólo debemos asegurarnos de que nuestras escuelas enseñen solamente conocimiento secular… Si pudiéramos lograr esto, no hay duda de que en poco tiempo Dios tendría cita para un funeral"[2].

La oposición, no obstante, no se ha quedado satisfecha con eliminar simplemente de las escuelas y de otras instituciones públicas la enseñanza eclesiástica o moral-religiosa. Ha lanzado un nuevo "ismo", una serie novedosa de creencias denominada "humanismo" secular, a fin de llenar el vacío que antes ocupaba la educación moral (1961). El humanismo secular proclama que debemos ser tolerantes para con los demás y sus creencias, y que no debemos juzgarlos, pero no como resultado de la obligación que tenemos de amar al prójimo como a nosotros mismos sino porque no existe bien o mal *absoluto* y ningún absoluto moral.[3] La falta de creencia en absolutos morales se conoce como relativismo moral.

El humanismo secular posee esta denominación en el sentido de que no hace ninguna referencia a Dios como la autoridad moral del universo. Las personas humanistas seculares creen que Dios nunca existió, que Dios está muerto o que Dios está vivo pero que es irrelevante. El sistema de creencias es humanista no sólo porque está centrado en el hombre (antropocéntrico) en oposición a estar centrado en Dios (teocéntrico) sino también porque asume la bondad esencial del hombre y la perfectibilidad teórica de la humanidad. El humanismo secular no proclama que el hombre sea bueno en un sentido absoluto (después de todo, no hay absolutos) sino que el carácter y el comportamiento humanos son factibles de ser mejorados por medio del esfuerzo conjunto del hombre (el individuo) y la sociedad. Por lo tanto, se puede efectuar un progreso y la condición humana puede mejorar sin la ayuda ni la guía de Dios. La naturaleza humana pecaminosa se ha perdido en alguna parte y de alguna manera.

Sabemos que todos somos seres humanos y que, aún así, cada uno es único. El humanismo secular se centra en la singularidad de cada individuo y deja de lado todo lo que los seres humanos tienen en común. En consecuencia, como cada uno de nosotros es un agente moral único, el humanismo secular argumenta que cada persona tiene códigos morales individualizados que no se relacionan con ningún patrón universal. Como resultado de esto, puede gustarme o no en mayor o menor medida tu código moral en relación al mío, pero no puedo decir que tengo autoridad para condenarlo porque no existe una moral absoluta. Todo lo que puedo decir es que tu código moral no es para mí o que no te has comportado de manera consistente con tus preceptos morales individuales.

La negación de la existencia de patrones de moral absolutos (o sea, el relativismo moral) ha producido un impacto en todos los segmentos culturales y los componentes institucionales de la sociedad en los Estados Unidos. La conciencia colectiva de la nación se ha reducido hasta convertirse en millones de opiniones y gustos personales, y estas "preferencias" constituyen una constelación moral sin forma y cambiante que carece de definición, clasificación y dimensión.

¿Debe sorprendernos que ahora se deshonren los buenos pensamientos y se promuevan los malos? Si nadie está equivocado porque todos están en lo correcto, todos los pensamientos y las acciones tienen un valor moral equivalente. Simplemente piensa en esto: ¿Adolfo Hitler y la Madre Teresa poseen el mismo carácter moral?

Es fácil observar cómo ha afectado a nuestras escuelas la quita de la educación moral judeocristiana y el surgimiento del humanismo secular y el relativismo moral. Observa la siguiente comparación referente a los problemas que tenían lugar dentro del salón de clases en la década de 1940 y 1990, según una encuesta realizada a maestros de escuelas públicas y presentada por William Bennett:[4]

1940	1990
conversar	abuso de drogas
usar goma de mascar	abuso de alcohol
hacer ruido	embarazo
correr en los pasillos	suicidio
salirse de la fila	violación
vestirse de manera inapropiada	robo
arrojar basura al piso	agresión

¿Qué se puede hacer? ¿Qué *se debe* hacer? Tal como ha dicho el educador J. P. Moreland: "La iglesia debe entrenar a los alumnos de escuela secundaria para la vida intelectual con la que se enfrentarán en la universidad".[5] La investigación demuestra que un porcentaje significativo de jóvenes declara ser creyente pero tiene creencias que son inconsistentes con la Biblia. En una encuesta reciente, el investigador George Barna dijo acerca de los jóvenes: "Lo que vemos entre los jóvenes es lo que continuaremos recibiendo de parte de ellos: perspectivas de la fe bien intencionadas pero con mala información que conducen a elecciones erróneas y confusión espiritual. En nuestra condición de futuros líderes de la iglesia cristiana, debemos ocuparnos del contenido de la fe que se comunicará y practicará a largo plazo".[6] Esperemos que no se hayan convertido en bajas espirituales y que sólo estén heridos y no perdidos por la eternidad. El teólogo Carl Henry además declara: "A menos que los evangélicos estimulen a los jóvenes para que tengan una manera de pensar disciplinada, estarán malgastando, e inclusive socavando, uno de los recursos más preciosos del cristianismo".[7]

Este libro se escribe con el propósito de preparar, entrenar y armar a los alumnos de escuelas secundarias para enfrentar el mundo moralmente relativista, inclusive anticristiano, con el que se encontrarán en la universidad o en el lugar de trabajo. Ese mundo no será de ninguna manera totalmente nuevo para ellos pero puede llegar a convertirse en algo agobiante una vez que se encuentren dentro del mundo a tiempo completo. Nuestra obligación como padres y maestros es hacer todo lo que podamos para asegurar que los adultos jóvenes estén armados y equipados para la batalla que tienen por delante.

La batalla de ideas la enfrentarán las mentes de los jóvenes. En la medida en que ganemos mentes, entonces podremos ganar corazones mediante la intervención del Espíritu Santo. Una mente y un corazón ganados pueden guiar a una familia ganada, la cual puede conducir a un vecindario ganado, y este a su vez puede guiar hacia una comunidad ganada, la cual puede traer como resultado un estado ganado, y este puede llevarnos a recapturar a nuestra nación para la gloria de Dios.

La intención de esta guía de estudio es ser renovadora y educativa. Hemos tratado de escribir siguiendo un estilo conversacional, similar a un diálogo, que evita el uso de palabras demasiado elevadas. El lenguaje formal y académico tiene su lugar pero no aquí, donde intentamos bosquejar una puerta que permita un acceso relativamente fácil y amplio al campo de la apologética cristiana.

Bienvenido y adelante. Te invitamos a que instes a tus alumnos para que lean, señalen, piensen, pregunten y discutan (preferentemente en este orden). Si este libro aumenta la habilidad de tus alumnos para defender la fe o les despierta deseos de estudiar más y/o los ayuda a presentarles el mensaje del evangelio a otras personas, entonces habrá cumplido un propósito digno en la actual batalla espiritual que atravesamos y en la defensa de la fe.

Para los alumnos

Antes de abordar las preguntas más importantes acerca del cristianismo, parece ser mejor que presentemos un bosquejo de nuestras metas y enfoques. Esta guía de estudio aborda la apologética siguiendo el tema paso a paso. Contiene trece capítulos que se desencadenan uno tras otro. Los capítulos 1 y 2 presentan el campo de la apologética y explican *por qué razón* necesitamos aprender sobre ella. Los capítulos 3 al 12 constituyen parte de un proceso de tres pasos que demuestra la veracidad del cristianismo. El capítulo 13 concluye el libro con un consejo útil en cuanto a cómo proceder cuando una autoridad desafía tu fe dentro de la clase. El "proceso" en general está estructurado como para discutir los temas de cada capítulo siguiendo un orden lógico. El objetivo es que te familiarices con los pasos necesarios para alcanzar a otros con el mensaje del evangelio (ver 1 Cor. 15:1-10). Los primeros dos pasos del proceso abarcarán los capítulos 3 al 8. Estos capítulos están dedicados a fortalecerte en cuanto a los puntos de vista cristianos del mundo y a ofrecer respuestas para aquellas perspectivas que desafían los fundamentos del cristianismo (Sal. 11:3). Existe la creencia de que un punto de vista determinado es el marco de referencia o la lente por medio de la cual se entienden e interpretan los hechos. Una vez que se ha establecido el punto de vista cristiano, entonces la gente puede interpretar correctamente la evidencia que se ofrece en los capítulos 9 al 12.

Los títulos que aparecen al principio de cada capítulo tienen formato de pregunta y representan lo que los estudiantes de escuela secundaria y los universitarios consultan con mayor frecuencia. Cada capítulo comienza con una historia de situación y unas pocas preguntas cuya intención es ayudarte a analizar lo que piensas acerca de los temas principales del capítulo *antes* de leerlo. La idea es incentivarte para que reflexiones en cuanto a lo que piensas, por qué piensas de la manera en que lo haces y quién o qué fue lo que ha influido principalmente en tu manera de pensar. Además, cada capítulo te proporcionará una perspectiva general de lo que se aprenderá. Esto te preparará para la información que aparecerá a continuación.

Al final de cada uno de los trece capítulos aparecen preguntas de repaso que te ayudarán a determinar cuánta información retuviste de la lectura. Cada una de las preguntas te ayudará a concentrarte en el estudio de los puntos principales de cada capítulo y se pueden utilizar como tema de discusión durante la clase. Después de leer todo el capítulo y responder a las preguntas de repaso que aparecen al final, vuelve al comienzo del capítulo para intentar responder a las preguntas que se encuentran después de la situación del diálogo. ¿De qué manera cambiarías ahora tus respuestas? ¿Ha aumentado tu comprensión?

La mayoría de los libros de apologética abordan la defensa del cristianismo principalmente como una disciplina académica. En este manual se ha hecho todo el esfuerzo necesario para presentar la enseñanza de la apologética como un fundamento indispensable para sobrevivir dentro del ambiente anticristiano que a menudo se experimenta en el ámbito universitario y en el lugar de trabajo. Estar preparado te capacitará para convertirte en un evangelista habilidoso y en un defensor de la Palabra de Dios. Es decir, estás aprendiendo a defender la fe para entender mejor la Palabra de Dios y para dar razones a los que te pregunten acerca del cristianismo o hagan objeciones al respecto. Los beneficios de aprender a defender la Palabra de Dios en el lugar donde trabajas o con tus amigos son indispensables aun cuando no tengas planeado realizar estudios universitarios a corto plazo. Nuestro objetivo final no es solamente equiparte antes de que ingreses a la universidad sino ayudarte a disfrutar del aprendizaje de uno de los temas más interesantes que el hombre conoce: Dios.

Los puntos siguientes dan un bosquejo de nuestros objetivos y el enfoque general.

Objetivos

- Familiarizarte con el estudio de la apologética.
- Ayudarte para que puedas defender tu fe y evangelizar a otros (1 Ped. 3:15; Mat. 28:19-20; Hech. 1:8).
- Ayudarte a valorar la singularidad del cristianismo.
- Prepararte para hablar con otros sobre diversos temas, y poder hacerlo a la altura de un nivel terciario.

Enfoque

- Abordar el estudio de la apologética no sólo como un ejercicio intelectual sino como una herramienta para producir un impacto en los demás a fin de que se acerquen a Cristo.
- Demostrarte *qué* debes aprender y *por qué*.
- Proporcionarte un incentivo para estudiar más.
- Enseñarte temas que son necesarios para el momento y dejar lo más complicado para más adelante.

CAPÍTULO 1
¿Qué es la apologética?

Situación

En Surfer's Paradise, California, los alumnos del último año de escuela secundaria, Pedro y Juan, acaban de terminar la primera clase de educación física del semestre inicial. Juan cambió de escuela y no conoce a nadie. Sus armarios se encuentran uno al lado del otro.

Pedro: ¡Uff! Qué calor que hace. Estoy agotado.

Juan: ¡Ahá!… Me llamo Juan.

Pedro: Pedro.

Juan: ¿Todos los días nos van a hacer correr tantas vueltas?

Pedro: Es probable. Tengo muchas ganas de llegar a casa y meterme en el agua.

Juan: ¿Practicas surf?

Pedro: Todo lo que puedo. ¿Y tú?

Juan: ¡Nací para eso, hombre!

Pedro: ¿Qué te parece si vamos a hacer surf más tarde?

Juan: No puedo. Es el cumpleaños de mi hermana. Tengo que cumplir con la rutina familiar. Pero siempre voy los domingos por la mañana. Es mi paseo espiritual de fin de semana. ¿Qué te parece ese día?

Pedro: No, no puedo. Los domingos a las 9 de la mañana voy a la iglesia y…

Juan: ¡Ah, no!

Pedro: Eso no es todo. Luego me encuentro con el grupo de escuela secundaria desde las 10 hasta las 12. También nos reunimos los miércoles a la noche para tener un estudio bíblico y jugar un rato al baloncesto. Así que, ¿qué te parece si nos vemos el domingo por la tarde para cortar algunas olas si el agua está buena?

Juan: Estoy sorprendido. ¿Realmente crees en Dios, en Jesús, en la Biblia y en todas esas cosas? Pensé que eras un chico bastante moderno.

Pedro: Eeeehhh…

Preguntas

- ¿Cómo reaccionarías si fueras Pedro?
- ¿Creer en Dios es estar a la moda o no?
- ¿Te sientes avergonzado, incómodo o a la defensiva cuando tienes que proclamarle abiertamente tus creencias a una persona incrédula?

Propósito

Describir y definir la apologética cristiana.

Objetivo

Alcanzar una comprensión de la apologética cristiana y sus limitaciones.

En este capítulo aprenderás...

- que la palabra *apologética* se refiere a defender el punto de vista cristiano,
- que la apologética tiene lados positivos y negativos,
- que los cuatro enfoques más importantes de la apologética son evidencial, histórico, clásico y presuposicional,
- que el poder de la apologética es limitado y no puede por sí mismo convertir a nadie en creyente,
- que al practicar la apologética debes seguir ciertas instrucciones fundamentales.

La palabra *apologética* no te debe dar miedo. El término *apologética* viene de la palabra griega *apología,* que literalmente significa "defensa razonada". En otras palabras, la apologética es una rama de la teología cristiana que intenta darles respuestas a las personas que hacen preguntas o ponen objeciones acerca del cristianismo.

Los apologistas presentan diversas evidencias para defender su fe de manera muy similar a la de un abogado que utiliza evidencias para defender a su cliente en la corte delante de un juez y del jurado. La apologética no se presenta en las Escrituras como una tarea *optativa*, sólo para que participe de ella algún grupo o persona en especial. Más bien, es un *mandato* para todos los creyentes. La Biblia dice que debemos ser capaces de dar una respuesta a cualquier persona que nos haga preguntas sobre nuestra fe o que la cuestione. El apóstol Pedro escribe: "Sino santificad a Dios el Señor en vuestros corazones, y estad siempre preparados para presentar defensa con mansedumbre y reverencia ante todo el que os demande razón de la esperanza que hay en vosotros" (1 Ped. 3:15).

Lo que debes saber acerca de la apologética

- La palabra *apologética* no es un término militar; es una palabra que describe la forma en que un abogado presenta una defensa verbal de un cliente ante la corte. Es decir, explica cómo se debe hacer y cómo no se debe hacer la apologética. No significa que castigamos a las personas golpeándolas con la Biblia sino que hablamos con ellas de manera amable y humilde.

- La forma griega de la palabra *apología* se utiliza por lo menos nueve veces en el Nuevo Testamento (ver 1 Cor. 9:3; 2 Cor. 7:11; 1 Ped. 3:15; Fil. 1:7,17; 2 Tim. 4:16; Hech. 19:33; 22:1; 25:16). Esta palabra se puede rastrear hasta el siglo IV a.C. cuando el filósofo griego Platón la utilizó como título de uno de sus libros, *Apología*. Su libro presenta el relato de la defensa de Sócrates (el maestro de Platón) ante la corte de justicia que lo había acusado de corromper a los jóvenes de Atenas conduciéndolos al ateísmo.

- La apologética no es algo nuevo. Es una cosa que hacemos todos los días, aun sin saberlo a veces. Consiste simplemente en dar "razones" o "evidencias" del motivo por el cual creemos que una cosa es cierta.

- La apologética tiene lado positivo y lado negativo. El lado positivo corresponde a las ocasiones en las cuales damos razones de por qué el cristianismo es verdadero. A diferencia del lado negativo, el cual echa por tierra las objeciones, podemos ir construyendo la confianza en Cristo al proveer buenas razones, evidencia científica y arqueológica o algunas otras herramientas disponibles.

El lado positivo de la apologética se observa en Hechos 1:3 cuando, después de resucitar de los muertos, Jesús se apareció con "pruebas indubitables": "...Después de haber padecido, se presentó vivo con muchas pruebas indubitables, apareciéndoseles durante cuarenta días y hablándoles acerca del reino de Dios".

Jesús también realizó una apologética positiva para sus discípulos cuando les dio evidencia de su resurrección corporal en Lucas 24:38-40: "Pero él les dijo: ¿Por qué estáis turbados, y vienen a vuestro corazón estos pensamientos? Mirad mis manos y mis pies, que yo mismo soy; palpad, y ved; porque un espíritu no tiene carne ni huesos, como veis que yo tengo. Y diciendo esto, les mostró las manos y los pies".

Dios efectuó una apologética positiva en Romanos 1:19-20 al dar evidencia de su existencia a través del mundo creado: "Porque lo que de Dios se conoce les es manifiesto, pues Dios se lo manifestó. Porque las cosas invisibles de él, su eterno poder y deidad, se hacen claramente visibles desde la creación del mundo, siendo entendidas por medio de las cosas hechas, de modo que no tienen excusa".

El lado negativo evalúa las razones que se ofrecen en contra del cristianismo y expone sus debilidades. En otras palabras, la faceta negativa de la apologética tiene como tarea "derribar" o "desmantelar" las ideas que se proponen para desacreditar al cristianismo. Es crucial que la tarea de "derribar" razones se lleve a cabo por medio de la refutación y no de la condenación. No te veas envuelto en el hecho de derribar a nadie. La acción de refutar las declaraciones de una persona en contra del cristianismo simplemente consiste en dar *razones* por las cuales creemos que son falsas. Si comenzamos a elevar el tono de voz y a enojarnos con la persona con la cual estamos hablando, entonces estamos entrando en el área de la condenación.

En 2 Corintios 10:4-5 vemos un ejemplo de un mandato bíblico de participación en el lado negativo de la apologética: "Porque las armas de nuestra milicia no son carnales, sino poderosas en Dios para la destrucción de fortalezas, derribando argumentos y toda altivez que se levanta contra el conocimiento de Dios, y llevando cautivo todo pensamiento a la obediencia a Cristo".

Ahora que conoces la diferencia entre los lados positivo y negativo de la apologética, busca los siguientes pasajes bíblicos y trata de descubrir qué lado de la apologética se utiliza: 1 Reyes 18; Éxodo 4:1-9; 2 Corintios 10:4-5.

¿Hay diferentes clases de apologética?

Existen diferentes maneras de construir una defensa de tu fe. Cada uno de los siguientes tipos de apologética posee un lugar *de partida* distinto cuando se intenta responderles a las personas que preguntan acerca del cristianismo. Estos tipos frecuentemente se superponen y utilizan métodos compartidos para demostrar que el cristianismo es verdadero. Aunque hay más de cuatro clases de apologética, éstas parecen ser las más populares[1].

1. La *apologética evidencial* se centra principalmente en proveer evidencias que la gente pueda ver con sus propios ojos. Estos apologistas dan evidencia que consiste en la presentación de copias antiguas de la Biblia original (también denominadas manuscritos), descubrimientos arqueológicos e inclusive verdades científicas que son consistentes con las Escrituras. El apologista evidencial diría: "Observa los *hechos con tus propios ojos.* Esto te demostrará la veracidad del cristianismo".

2. La *apologética histórica* se concentra ante todo en proveer evidencias históricas. Estos apologistas proporcionan evidencias reunidas de antiguos historiadores tales como Suetonio, Tácito y Josefo. Su propósito es demostrar que la Biblia es históricamente exacta. El apologista histórico diría: "Observa el *pasado* para respaldar la veracidad del cristianismo".

3. La *apologética presuposicional* defiende al cristianismo de ciertas suposiciones básicas. El apologista presuposicional asume la verdad del cristianismo sin utilizar pruebas tradicionales de la existencia de Dios. Una presuposición básica que sostiene el apologista es que los que no son cristianos tienen presuposiciones que oscurecen o tiñen todo lo que escuchan acerca de Dios. El papel del apologista consiste en presentar la verdad del cristianismo y la falsedad del punto de vista del mundo que se opone a Cristo. A diferencia de la apologética clásica, la cual se inicia con razones y evidencias, los practicantes de la presuposición comienzan asumiendo el punto de vista cristiano del mundo e intentando demostrar que tiene sentido solamente fuera del mundo[2]. El apologista presuposicional afirma que "las pruebas de la existencia de Dios son innecesarias; simplemente hay que declarar la veracidad del cristianismo y demostrar la debilidad de las otras opiniones del mundo".

4. La *apologética clásica* se centra principalmente en proporcionarles respuestas bien razonadas a las personas que preguntan u objetan acerca de la religión cristiana. Los apologistas clásicos comienzan estableciendo la realidad de la verdad absoluta y proceden a dar evidencia de la existencia de Dios y de la posibilidad de los milagros. Luego continúan mostrando la evidencia histórica que respalda la deidad de Cristo mediante el examen de su vida impecable y milagrosa, el cumplimiento de la profecía y la resurrección de los muertos. No obstante, generalmente comienzan dando razones que no se relacionan con la demostración de evidencias físicas a fin de cambiar la perspectiva del incrédulo (denominada también *punto de vista del mundo*) en cuanto a la vida y la religión. Cuando se logra esto, entonces sí pueden evaluar e interpretar de manera precisa la evidencia física. El apologista clásico dice: "Cámbiales el punto de vista del mundo ya que ésta es la razón por la cual los incrédulos malinterpretan los hechos que ven con sus propios ojos. Una vez que se logre esto, muéstrales la evidencia histórica".

¿Cuáles son los límites de la apologética?

Es importante recordar que la apologética es limitada y que por sí misma no puede convertir a nadie en creyente. No obstante, puede ayudar a aclarar el panorama para que alguien reciba a Jesucristo al quitar los obstáculos que impiden el ejercicio de la fe salvadora. Así como un rastrillo quita la nieve de un camino helado para que los automóviles puedan pasar sin inconvenientes, del mismo modo la apologética aclara las cuestiones y las dudas de manera que el evangelio brille y alcance al incrédulo.

Las limitaciones de la apologética también se pueden entender de este modo: sólo puede conducir al caballo hacia el agua, por así decir; el caballo es el único que puede decidir si va a beber. Lo mismo sucede con la salvación. La apologética le puede mostrar al incrédulo que Jesús es el Agua de vida, pero la decisión de beber la toma el inconverso. Esta es la diferencia entre la "fe que" y la "fe en".

La apologética ayuda a los incrédulos a ver *que* Jesús es el camino a la salvación, pero es función del Espíritu Santo y del individuo determinar si colocará la fe *en* Él. La apologética puede demostrar *que* Jesús es el camino al cielo proporcionando evidencia de esto; sin embargo, la fe *en* Jesús sólo se puede lograr por medio de una decisión personal aparte del uso de la apologética. En otras palabras, la apologética sólo va hasta cierto punto. Las limitaciones, no obstante, no reducen el papel que esta desempeña al hacer que una persona se acerque más a Cristo. Después de todo, el incrédulo no puede creer *en* Dios a menos que primero crea *que* Dios existe (Hebreos 11:6).

El cuadro siguiente ilustra los *límites* de la apologética.

Fe *que* Dios existe	Fe *en* Dios
Es un área de la apologética	Es un área del evangelismo
Va dirigida a la mente	Va dirigida a la voluntad
Utiliza razones y evidencia	Requiere del Espíritu Santo
Viene antes de la fe *en*	Viene después de la fe *que*
Guía a la persona *hacia* Jesús	Coloca la confianza *en* Jesús[3]

¿Cuáles son las reglas de un buen apologista?

Recuerda las reglas siguientes cuando utilices la apologética a fin de asegurarte la obtención de buenos resultados. Te ayudarán a ser más eficiente cuando les hables a otros acerca del cristianismo. Hemos tratado de hacerlas fáciles de recordar colocándolas en forma de acróstico: A. P. O. L. O. G. E. T. I. C. A.

A = Amar al prójimo
P = Preevangelizar (establecer un punto de vista teísta del mundo)
O = Obstáculos derribados
L = Luchar contra el desánimo
O = Orar siempre
G = Garantizar el uso de las Escrituras
E = Enfatizar la verdad
T = Testificar del mensaje del evangelio
I = Iluminar e ilustrar
C = Centrarse en Cristo
A = Alentar la amistad

¡Felicitaciones! Acabas de concluir el primer capítulo de apologética. El propósito de esta sección fue describir y definir la apologética cristiana, el fundamento para el segundo capítulo. Ahora que sabes *qué* es la apologética, puedes aprender *por qué* razón es importante. Antes de continuar, completa las siguientes preguntas de repaso del capítulo para comprobar cuánto recuerdas.

Repaso

1. La palabra *apologética* significa literalmente _____
_____.

2. El término *apología* se utiliza por lo menos _____
veces en el Nuevo Testamento.

3. La apologética tiene dos lados: un lado _____
y otro _____.

4. La apologética es la rama de la teología cristiana que
_____
_____
_____ .

5. Menciona los cuatro sistemas diferentes de apologética y enuncia
el enfoque principal de cada uno de ellos.

(1)_____
_____

(2)_____
_____

(3)_____
_____

(4)_____
_____

6. Describe en pocas palabras la diferencia entre la "fe que" y la "fe
en". ¿A cuál de ellas se dirige directamente la apologética?
_____
_____
_____
_____
_____

7. Enumera las reglas de un buen apologista.
_____
_____
_____
_____
_____
_____
_____

CAPÍTULO 2
¿Por qué existe la apologética?

Situación

El domingo alrededor de la una de la tarde Juan va para la casa de Pedro que está junto a la playa. El viento está cambiando de dirección tal como sucede comúnmente por las tardes a comienzos del otoño. Esto les deja sólo media hora a los muchachos para practicar surf antes de que la superficie del mar se torne demasiado agitada. Están esperando que lleguen otras olas.

Pedro: El viento se levantó demasiado rápido pero estuvo bastante bueno durante un rato.

Juan: Sí, estuvo espectacular. Cada vez estoy más contento de que hayan trasladado a mi papá a este lugar. Allá donde vivíamos sólo había olas durante el invierno.

Pedro: ¿No echas de menos a tus amigos?

Juan: Sí, un poco. Bueno, muchos de ellos se metieron en las drogas y dejaron de practicar surf. Yo probé algunas pero soy adicto a la tabla. Este océano es mi campo de juego. Acá es donde me divierto.

Pedro: Eres buen surfista. Haces más que simplemente romper olas con movimientos rígidos.

Juan: Gracias… y esta ola es mía.

Luego regresa Juan.

Pedro: ¡Qué buena pasada! Gracias a Dios que hizo el océano con olas tan asombrosas.

Juan: ¿Dios? ¿Por qué crees en alguien que no puedes ver, tocar ni oír? No me parece inteligente.

Pedro: Bueno…

Preguntas

* ¿Por qué Pedro tiene que explicar algo?
* ¿Te parece que Pedro puede explicar su fe de manera que Juan entienda?
* ¿Tratas tú de explicarles acerca de la fe a tus amigos incrédulos o intentas evitar el tema?

Propósito

Comunicar la necesidad de la apologética cristiana.

Objetivo

Entender por qué razón la apologética cristiana es una tarea tan necesaria como bíblica.

En este capítulo aprenderás…

* que la Biblia les manda a los creyentes que practiquen la apologética,
* que varios personajes bíblicos utilizaron la apologética,
* que es irracional creer sin evidencia,
* que existe la necesidad de darles una respuesta a las personas que preguntan por qué creemos en el punto de vista cristiano del mundo.

Esperamos que disfrutes con el estudio de los fundamentos de la apologética. Si no te quedó claro el capítulo 1, no te preocupes. A medida que sigas adelante, mirarás atrás y lo entenderás con más claridad.

A manera de repaso, el capítulo 1 trata acerca de *qué es* la apologética, sus diferentes clases de enfoque, sus límites y, finalmente, las reglas que ayudan a un buen apologista. Sin embargo, el capítulo 2 se basará en el fundamento a fin de discutir *por qué* los creyentes deben *hacer* apologética. Hay varias buenas razones en cuanto a por qué debemos hacerlo pero tal vez la más importante de todas es que la Biblia nos dice que lo hagamos.

La Biblia nos manda hacer apologética

1 Pedro 3:15-16: "Sino santificad a Dios el Señor en vuestros corazones, y estad siempre preparados para presentar defensa con mansedumbre y reverencia ante todo el que os demande razón de la esperanza que hay en vosotros; teniendo buena conciencia, para que en lo que murmuran de vosotros como de malhechores, sean avergonzados los que calumnian vuestra buena conducta en Cristo".

Judas 3: "… me ha sido necesario escribiros exhortándoos que contendáis ardientemente por la fe que ha sido una vez dada a los santos".

Filipenses 1:7,17: "… por cuanto os tengo en el corazón; y en mis prisiones, y en la defensa y confirmación del evangelio, todos vosotros sois participantes conmigo de la gracia… sabiendo que estoy puesto para la defensa del evangelio".

2 Timoteo 2:24-26: "Porque el siervo del Señor no debe ser contencioso, sino amable para con todos, apto para enseñar, sufrido; que con mansedumbre corrija a los que se oponen, por si quizá Dios les conceda que se arrepientan para conocer la verdad, y escapen del lazo del diablo…"

Tito 1:9: "Retenedor de la palabra fiel tal como ha sido enseñada, para que también pueda exhortar con sana enseñanza y convencer a los que contradicen".

Dios hizo apologética

- Dios le dio a Moisés evidencia de que estaba hablando por medio de él (Ex. 4:1-9).
- Dios resucitó a Jesús de los muertos para comprobar que es el Hijo de Dios (Rom. 1:4; Juan 2:18-22)
- Dios utilizó la apologética a través de Elías al demostrar que Él era más poderoso que Baal (1 Rey. 18:37-39).

Jesús hizo apologética

- Jesús les dio evidencia de su resurrección a los discípulos al mostrarles las manos y los pies traspasados (Luc. 24:39-40).
- Jesús se manifestó vivo después de su resurrección por medio de muchas "pruebas indubitables" (Hech. 1:3).
- Jesús dijo que resucitaría de los muertos para darles evidencia a los judíos de que tenía autoridad para purificar el templo (Juan 2:18-21).

- Jesús proporcionó evidencia al sanar físicamente a un paralítico con el fin de demostrar que tenía autoridad y poder para perdonar pecados (Mar. 2:8-11).

- Jesús le dio evidencia a Tomás de que realmente estaba vivo y en buenas condiciones después de su resurrección (Juan 20:26-29) mostrándole las cicatrices de la crucifixión.

- Pedro dijo que Jesús fue confirmado por Dios a través de los milagros que había hecho en presencia de testigos (Hech. 2:22).

- Jesús ofreció sus milagros como prueba para aquellos que Juan el Bautista había enviado a preguntar si Él era realmente el Cristo (Mat. 11:5).

El apóstol Pablo hizo apologética

- Pablo continuó demostrándoles a los judíos de Damasco que Jesús era el Cristo (Hech. 9:22).

- La costumbre de Pablo era entrar a la sinagoga de una determinada ciudad para razonar, explicar, demostrar y persuadir a cualquiera que quisiera escuchar para creer en Cristo (Hech. 17:2-4; 18:4,19; 19:8).

- Pablo les dio razones para creer en Cristo a los filósofos de Atenas (Hech. 17:22-34).

- Pablo dio evidencia de que era apóstol por medio de diversas señales (2 Cor. 12:12).

- Pablo presentó la defensa de su ministerio delante de una multitud airada en Jerusalén (Hech. 22:1).

Es irracional creer sin evidencia

Las razones son cruciales cuando se trata de decidir lo que uno cree. Las creencias que no se hallan respaldadas por evidencia o buenas razones se denominan "creencias irracionales". Afortunadamente, en nuestro sistema de creencias existen pocas áreas de este tipo.

Muchas personas no ven ninguna razón para creer en el cristianismo. Aquí es donde la apologética puede marcar una diferencia; o sea, ofreciendo buenas razones para creer. Después de todo, ¿colocaríamos nuestra confianza en un aeroplano o un ómnibus si no tuviésemos una buena razón para creer que nos puede llevar a hacer el viaje que queremos? Es probable que no. Ni tampoco pondríamos nuestra confianza en una silla antes de tener una buena razón para creer que va a soportar todo nuestro peso.

Entonces, ¿por qué esperamos que la gente coloque su confianza en Jesús si no tiene una buena razón para creer que puede salvar? Ninguno de nosotros se convirtió en creyente por ser algo irracional. En realidad es lo contrario; nos entregamos a Cristo porque es razonable hacerlo (Rom. 12:1-4).

Hay necesidad de dar una respuesta

En este siglo ya se ha dicho mucho acerca del cristianismo. No obstante, no todo es bueno. A muchos de nosotros nos resulta difícil entender por qué razón una persona puede hablar en contra de Cristo. Sin embargo, por diversas razones hay muchas objeciones que cavan profundo en el corazón de nuestra fe. Por ejemplo, muchas personas arrojan dudas sobre la existencia de Dios, la resurrección de Cristo, el perdón de pecados y la confiabilidad de la Biblia, si bien todos estos conceptos constituyen el fundamento de la fe cristiana histórica. *La realidad del asunto es clara: si se confirma que estas dudas son ciertas, entonces el cristianismo es falso.* El apóstol Pablo se refirió a las consecuencias sombrías cuando le escribió a la iglesia de Corinto:

"Porque si no hay resurrección de muertos, tampoco Cristo resucitó. Y si Cristo no resucitó, vana es entonces nuestra predicación, vana es también vuestra fe. Y somos hallados falsos testigos de Dios; porque hemos testificado de Dios que él resucitó a Cristo, al cual no resucitó, si en verdad los muertos no resucitan. Porque si los muertos no resucitan, tampoco Cristo resucitó; y si Cristo no resucitó, vuestra fe es vana; aún estáis en vuestros pecados. Entonces también los que durmieron en Cristo perecieron. Si en esta vida solamente esperamos en Cristo, somos los más dignos de conmiseración de todos los hombres". (1 Cor. 15:13-19)

Las consecuencias acerca de las cuales habla Pablo pintan un cuadro desalentador si las objeciones que elevan los incrédulos son ciertas. No obstante, no debemos tener miedo porque estas situaciones se pueden considerar como oportunidades para compartir las buenas razones por las cuales confiamos en Cristo. Hay dos razones muy apropiadas por las que nosotros, los creyentes, debemos darles respuestas a los incrédulos:

1. La Biblia nos ordena que estemos "preparados" para dar "siempre" una respuesta (1 Ped. 3:15-16; Jud. 3; Tito 1:9) a cualquiera que nos pregunte acerca de nuestra fe en Cristo. Tal como hemos considerado anteriormente, esto significa que realizar apologética no es

simplemente una opción que eligen *algunas* personas; es un mandato de Dios para *todos* los creyentes. Quizá nunca nos crucemos con
nadie que haga preguntas difíciles acerca de nuestra fe, pero Pedro
dice que debemos estar preparados en caso de que así suceda.

2. Los incrédulos tienen buenas preguntas y nosotros tenemos buenas respuestas (Col. 4:6). La evidencia siempre estará de nuestro
lado porque el cristianismo es verdadero. La clave está en investigar y averiguar la evidencia. En otras palabras, las respuestas
están; es sólo cuestión de encontrarlas.

Recuerda que cuando les damos buenas respuestas a los incrédulos estamos quitando uno más de los obstáculos que se hallan en el
camino que los conduce a recibir a Cristo. Ten presente esto: las respuestas que ofrecemos no se dan simplemente para hacer que parez-
camos inteligentes. La meta final es crear una atmósfera en la cual
los incrédulos puedan llegar a conocer la verdad. Podemos preparar
esta atmósfera proporcionando respuestas que quiten las numerosas
preguntas y dudas de los incrédulos (Juan 14:1-11; Luc. 24:38-43).[1]

El siguiente diagrama ilustra la manera en que la apologética se ubica
delante del evangelismo (si es necesario) a fin de allanar el terreno para
que los incrédulos vean claramente el evangelio. Una vez que se han quitado los obstáculos, entonces el evangelio puede penetrar la barrera para
que se entienda sin que el punto de vista del mundo de los incrédulos
lo corrompa, lo distorsione o lo cambie.

El papel apropiado de la apologética

Repaso

1. ¿En qué se diferencia el tema del capítulo 2 del tema del capítulo 1?

_____

_____

_____

_____

_____

2. Da cuatro razones por las cuales los creyentes deben practicar la apologética.

(1)_____

_____

(2)_____

_____

(3)_____

_____

(4)_____

_____

3. Menciona dos versículos que sean ejemplo de la forma en que Jesús quitó las dudas y los obstáculos de los discípulos al presentar buenas razones y evidencia.

(1)_____

(2)_____

4. ¿Por qué las creencias necesitan tener buenas razones que las respalden?

_____

_____

_____

_____

5. Escribe por lo menos tres consecuencias que vendrían como resultado si el cristianismo no fuera cierto.

(1)_____

_____

(2)_____

_____

(3)_____

_____

6. Señala algunos obstáculos que pueden aparecer entre el mensaje del evangelio y el incrédulo.

_____

_____

_____

7. ¿Cuál es la meta final de la tarea de dar una respuesta sobre nuestra fe?

_____

_____

_____

_____

_____

La meta apologética

Nuestra "meta apologética" es *establecer la veracidad del cristianismo*. A fin de lograr este objetivo, es necesario presentar ciertos temas en un orden lógico. Por ejemplo, antes de demostrar que la Palabra de Dios es digna de confianza debemos demostrar primeramente que hay un Dios que puede dar una Palabra. No tiene sentido hablar sobre la verdad acerca de Jesús y sus milagros a menos que primero exista la verdad y que ésta se pueda conocer.

Así que, en primer lugar se debe establecer el fundamento de la fe a fin de que se pueda lograr nuestra meta. Esto es así debido a que tenemos la intención de efectuar declaraciones verdaderas acerca de Dios y el cristianismo. Una persona que no crea que la verdad existe no nos va a creer cuando declaremos que el cristianismo es "verdad" (Juan 14:6; 17:17). Podemos efectuar declaraciones verdaderas acerca de la existencia de Dios después de que se establezca la verdad. Los milagros, la Palabra de Dios, el Hijo de Dios y la resurrección se pueden defender una vez que se determine la existencia de Dios. Si lo que decimos acerca de estos temas es verdadero, entonces se deduce que el cristianismo también debe ser cierto. El diagrama siguiente mostrará el proceso de tres pasos en el cual demostraremos que el cristianismo es verdadero. También servirá como bosquejo guía del estudio para el resto del libro.

CONCLUSIÓN: ¡El cristianismo es verdadero!

PASO 3

¿Es la Biblia la Palabra de Dios?
¿Resucitó Jesús de los muertos?
¿Jesús es Dios?
¿Se puede confiar en la Biblia?

PASO 2

¿Son posibles los milagros?
Si Dios existe, ¿por qué existe el mal?
¿Qué sucede con otros puntos de vista del mundo?
¿Qué sucede con la evolución?
¿Existe Dios?

PASO 1*

¿En qué consiste la verdad?

*Gráfico adaptado de las notas de clase sin publicar del profesor Richard Howe, Southern Evangelical Seminary, 1996.

CAPÍTULO 3
¿En qué consiste la verdad?

Situación

Después de salir del agua, Pedro y Juan se van rápidamente hacia la casa de Pedro para tomar una ducha caliente. Más tarde se preparan dos bebidas con fruta y se sientan frente a la gran ventana que hay en la sala.

Juan: Pedro, mientras estábamos en el agua me dijiste que crees que Dios es el creador de todas las cosas y que Jesús es el camino.

Pedro: Sí, eso es lo que creo.

Juan: ¿De dónde lo sacaste?

Pedro: Muy fácil. Del sentido común y de la Biblia.

Juan: No quiero menospreciarlo pero estoy un poco confundido. Algunas personas que conozco creen toda clase de cosas.

Pedro: Como el karma y las vidas anteriores. Ah, sí, ¿y qué tal el tema de los médium? ¡Uah!

Juan: Pero Pedro, ¿qué me dices de todo ese asunto místico acerca de que Jesús es al mismo tiempo plenamente Dios y plenamente hombre y que resucitó de los muertos? Eso también es bastante increíble.

Pedro: No es lo mismo porque es verdadero.

Juan: Quieres decir que *crees* que es cierto.

Pedro: Podrías ponerlo de ese modo pero lo que estoy tratando de decirte es que estoy tan convencido de que es verdadero que sé que es así.

Juan: Guau… Supongo que lo que es verdadero depende de quién dice que lo sea. Pero, ¿existe alguna manera de comprobar qué es verdadero o es simplemente una cuestión de opinión? ¿Sabes lo que quiero decir? ¿Qué es la verdad?

Pedro: Ehh…

Preguntas

- ¿Cómo debería responder Pedro a la última pregunta de Juan: "Qué es la verdad"?
- ¿Cómo sabes tú que algo es verdadero o falso?
- ¿Por qué es importante saber cuál es la verdad acerca del mundo natural, de las relaciones humanas y de Dios?

Propósito

Definir y entender la naturaleza de la verdad.

Objetivo

Aprender a definir una perspectiva bíblica de la verdad y la manera de responder a los puntos de vista sobre la verdad que desafían las afirmaciones del cristianismo.

En este capítulo aprenderás...

- que la verdad es importante debido a su naturaleza básica crucial en el establecimiento del *punto de vista* cristiano del mundo,
- la "teoría de correspondencia" de la verdad: La verdad es decir algo tal como es,
- que numerosos ejemplos bíblicos respaldan la teoría de correspondencia,
- que otras definiciones de la verdad son inadecuadas o contraproducentes,
- las cuatro barreras de la verdad: agnosticismo, escepticismo, relativismo y subjetivismo.

Los dos primeros capítulos establecieron la base para hacer una serie de preguntas acerca del cristianismo. Ahora que sabemos que dar respuestas sobre nuestra fe no es una opción sino, más bien, un mandato bíblico, entonces podemos dirigir nuestra atención al *primer paso* de nuestra meta apologética: la pregunta acerca de la naturaleza de la "verdad". El tema de la verdad se debe considerar en primer término porque el resto de las preguntas que haremos acerca del cristianismo requieren respuestas verdaderas. Es decir que, a menos que la verdad sea real, no tendría sentido ofrecer respuestas verdaderas acerca de la fe cristiana.

¿Por qué es importante la verdad?

Más allá de lo que ya se ha dicho, hay por lo menos otras dos buenas razones por las cuales la verdad es importante.

1. Es imposible tener una relación personal con la verdad expresada en la forma corporal de Jesucristo a menos que creamos que la verdad es real y factible de ser descubierta. Jesús dijo: "Yo soy el camino, la *verdad* y la vida; nadie viene al Padre, sino por mí" (Juan 14:6, cursiva agregada). Si no podemos reconocer la verdad, ¿cómo vamos a reconocer a Jesús, quien *es* la verdad?

2. La verdad es *fundamental*. A menos que la verdad sea real, ¿cómo vamos a decir "la verdad" acerca del cristianismo, de Dios y de su Hijo? Se permitiría que cada uno pensara lo que quisiera sobre el cristianismo. Y si cada uno tuviera una historia diferente acerca de Jesús, ¿cómo podríamos decir cuál de ellas hay que creer? En otras palabras, no existe cristianismo verdadero a menos que la verdad sea real y reconocible. Lo único que existiría serían diferentes historias acerca del cristianismo. Esto significa que la historia sobre Jesús propuesta por un incrédulo tendría el mismo valor o peso que la de un creyente porque no habría manera de descubrir cuál de ellas es verdadera y cuál falsa. El cristianismo se compararía a un mito o fábula. Sin embargo, esto no es lo que el apóstol Pedro dijo en 2 Pedro 1:16: "Porque no os hemos dado a conocer el poder y la venida de nuestro Señor Jesucristo siguiendo fábulas artificiosas, sino como habiendo visto con nuestros propios ojos su majestad".

¿En qué consiste la verdad?

La respuesta a la pregunta "¿En qué consiste la verdad?" es sorprendentemente fácil. La verdad es *decir algo tal como es*[1]. O sea que lo que declaramos en cuanto a alguna cosa debe estar de acuerdo con los hechos reales tal como suceden verdaderamente en el mundo. Las declaraciones tienen "valor real"; pueden ser verdaderas o falsas. Cuando se aplica el significado de una declaración a los hechos tal cual existen, entonces se descubre el valor verdadero o falso de esta. El proceso de descubrir la verdad requiere que las palabras de una persona concuerden con lo que ha sucedido en realidad.

Por ejemplo, si declaráramos: "Jesús resucitó de los muertos", entonces trataríamos de descubrir la veracidad de la declaración examinando e investigando los hechos y las evidencias que rodean la resurrección de Jesús. En resumen, tendríamos que hacer un repaso de los informes de los testigos visuales, observar los hallazgos arqueológicos y constatar que la tumba haya estado vacía. Si los hechos respaldan las declaraciones anteriores, entonces se puede considerar una verdad. Esta es la misma manera en que los sistemas de justicia procuran descubrir la verdad. Simplemente recuerda que la verdad consiste en decir algo de la manera que es en realidad y que, en contraposición a esto, ¡una mentira es decirlo deliberadamente como no es!

Los conceptos siguientes ayudarán a dejar en claro el proceso de descubrir la verdad:

Las declaraciones *concuerdan* con los hechos y las evidencias = Verdad

Las declaraciones *no concuerdan* con los hechos y las evidencias = Falsedad o mentira

Recuerda que debe existir una distinción entre nuestras declaraciones y los hechos tal cual aparecen en el mundo real o, de lo contrario, no podría haber una manera de descubrir cuáles son verdaderas y cuáles falsas. El nombre elegante para esta definición de la verdad es "teoría de correspondencia" porque la verdad *se corresponde* o *relaciona* con la realidad (el mundo real) tal como existe en los hechos.

Ejemplos bíblicos de la teoría de correspondencia

- José les dijo a sus hermanos: "Enviad a uno de vosotros y traiga a vuestro hermano, y vosotros quedad presos, y vuestras palabras serán probadas, si hay verdad en vosotros" (Gén. 42:16).
- Ananías y Safira mintieron al falsificar sus finanzas ante los apóstoles (Hech. 5:1-4). La pareja no relató los hechos tal como se correspondían con la realidad.
- ¿Cómo podemos comprobar quién decía la verdad cuando Dios expresó: "Ciertamente morirás" (Gén. 2:17), y Satanás dijo: "No moriréis" (Gén. 3:4)? Satanás era el mentiroso porque lo que dijo no se correspondió con la realidad. Adán y Eva finalmente murieron; primero en el aspecto espiritual, y luego físicamente.
- El noveno mandamiento se basa en la teoría de correspondencia de la verdad. "No hablarás contra tu prójimo falso testimonio" (Ex. 20:16).
- Nabucodonosor quiso conocer los hechos tal como *se correspondían* con su sueño real (Dan. 2:9).
- Otros pasajes son Hechos 24:8,11; 1 Reyes 22:16-22 y Proverbios 14:25[2].

La opinión sobre la correspondencia de la verdad presenta algo fuera de sí misma como prueba positiva, es decir, la *realidad*. La realidad puede ser el fundamento por medio del cual se prueban todas las declaraciones referentes a la verdad, ya sean musulmanas, budistas, hindúes, mormonas, cristianas o ateas.

¿Es la verdad lo que funciona?

Hemos escuchado gente que dice que la verdad se encuentra en cualquier cosa que funcione o que dé los mejores resultados. Esta opinión plantea varios problemas. En primer lugar, confunde lo que *hace* la verdad con lo que ella *es*. El simple hecho de que una declaración nos ayude a obtener el resultado que nosotros buscamos no hace que la misma sea cierta. Aunque la verdad ciertamente funciona (de la manera que Dios ha determinado que lo haga), lo que funciona no siempre es verdad. Por ejemplo, puede ser que la mentira funcione para nosotros; no obstante, esto no hace que la mentira sea verdad. Aún sigue distorsionando los hechos. No existe nada semejante a una "mentira verdadera". Es contradictorio. La verdad no se puede contradecir a sí misma y, como creyentes, debemos evitar las contradicciones (1 Tim. 6:20).

Supongamos que eres testigo principal de una causa judicial importante. ¿Te parece que el juez permitiría que dijeras "lo que funciona y nada más que lo que funciona"? ¡Desde luego que no! El juez quiere "la verdad y nada más que la verdad". La verdad debe concordar con los hechos tal como realmente existen.

¿Se encuentra la verdad en las buenas intenciones?

Según este punto de vista, la verdad se encuentra en lo que tenemos *intención* de decir en vez de en lo que *realmente* decimos. Por ejemplo, si te doy instrucciones para llegar a mi casa y te digo que gires a la izquierda en la calle Broadway cuando en realidad *tenía intención* de decirte que giraras a la derecha. Los intencionalistas (aquellos que creen que lo que vale son las intenciones) considerarían que las instrucciones que te di son correctas. Esta opinión acerca de la verdad falla por varias razones.

1. Se centra erróneamente en lo que tenemos intención de decir en lugar de en lo que realmente decimos. La verdad no se halla en lo que *no* decimos; más bien, se encuentra en lo que *sí* expresamos. Esto es así porque no podemos leer la mente de otra persona. La única manera de saber cuál es la intención de alguien es por medio de lo que dice.

2. Si esta opinión fuera cierta, entonces jamás habría ninguna persona sincera y bien intencionada que estuviese equivocada. ¡Si la verdad se halla en las buenas intenciones, tendríamos que llegar a la conclusión de

que un ateo bien intencionado está diciendo la verdad acerca de la inexistencia de Dios! ¿Qué sucedería en el caso de los testigos de Jehová o los mormones que tocan a la puerta de nuestra casa? ¿Sus buenas intenciones hacen que sus doctrinas sean ciertas? ¿Qué pasaría si un alumno colocara una respuesta incorrecta en un examen pero con toda la intención de señalar la respuesta correcta? ¿Debería el maestro considerar la respuesta incorrecta como si fuera correcta? Por supuesto que no. Aún así, si la verdad se encontrara en las buenas intenciones, entonces deberíamos responder con un sí a cada una de las preguntas anteriores.

3. El Antiguo Testamento considera equivocadas ciertas acciones realizadas *sin intención*, para las cuales se requería un sacrificio (Lev. 4:2-10,27).

4. Las mentiras pueden tener buenas intenciones, sin embargo esto no hace que una mentira sea verdad (recuerda que una mentira verdadera es una contradicción).[3]

¿Es la verdad una cuestión de perspectiva?

El punto de vista de la verdad como perspectiva es, tal vez, el más popular. Dice que la verdad es una cuestión que debe decidirla el individuo. Por ejemplo, en la situación que presentamos entre Pedro y Juan, la opinión acerca de la verdad como perspectiva diría que una declaración podría ser cierta para Pedro pero no necesariamente para Juan. De hecho, lo que Juan dijo en esencia fue: "Toda verdad depende de la perspectiva que uno tenga". Aquí existen, por lo menos, dos problemas:

1. La declaración de Juan tiene un efecto contraproducente y se destruye a sí misma porque se aplicaría de la misma manera al resto de las personas que están sobre la tierra. O sea que simplemente tendríamos que responder preguntando: "¿Es esa la verdad o es sólo tu perspectiva?" Si la declaración de Juan fuera cierta para todas las personas, entonces echaría por tierra su declaración original donde dice que es solamente su perspectiva, dejando abierta la posibilidad de que la verdad se pudiera descubrir de otra manera. Otras afirmaciones similares a las de Juan también son contradictorias y se destruyen a sí mismas. Intenta desarrollar la capacidad de tratar esta clase de declaraciones utilizando el "principio del bumerang" en las afirmaciones siguientes a fin de detectar el error de razonamiento que poseen:

- Nunca digas la palabra *nunca*.
- No puedo hablar ninguna palabra en español.
- El lenguaje no tiene significado.

• No existe absolutamente ninguna verdad que se aplique a todas las personas.

2. Si alguna cosa es cierta, es cierta para *todas las personas* en *todo momento* y en *todo lugar* sin importar la conciencia o las creencias que la persona tenga. Por ejemplo, si es verdad que George Washington fue el primer presidente de los Estados Unidos, entonces sería cierto para todos, en todo lugar y en todo momento. Si algo es verdadero, alcanza a todos dejando de lado la perspectiva o las creencias religiosas de la persona. Dos más dos es igual a cuatro para todos en todas partes.

¿Cuáles son las barreras que se presentan ante la verdad?

Ahora que sabemos qué es la verdad –a saber, *lo que se corresponde con la realidad* o *decir algo tal como es*– podemos observar algunas de las opiniones que desafían la postura del creyente. Hagamos un repaso de las cuatro barreras más importantes de la verdad y las respuestas correspondientes.

Nadie puede descubrir la verdad

Esta primera barrera declara que la verdad no se puede saber y que nadie puede conocer a Dios. Esta creencia se conoce como "agnosticismo". Thomas Henry Huxley creó la palabra *agnóstico* en 1869. Huxley era íntimo amigo de Charles Darwin (1809-1882). Según el agnosticismo, no es posible conocer ni a Dios ni la verdad esencial. El significado mismo del agnosticismo se puede hallar observando el término en sí. *A* es un prefijo negativo que significa "no" o "sin" y *gnóstico* proviene de la palabra griega *gnosis* que significa "saber" o "conocer". Literalmente, el término quiere decir "sin conocimiento" o "sin verdad".

Aunque el agnosticismo tiene diversas formas, la que nos interesa a nosotros es la correspondiente al sentido riguroso del término. Si la verdad no se puede conocer, ¿cómo podemos saber algo acerca de Dios o de la Biblia, la cual declara ser la verdad (Juan 17:17)? El cristianismo estaría en el mismo nivel que la mitología, las fábulas, el folclore y la fantasía, y nosotros los creyentes solamente poseeríamos meras especulaciones en cuanto a nuestra fe.

Muchos filósofos y teólogos han señalado varios defectos en el agnosticismo.

1. Cuando se lo observa más detalladamente, el agnosticismo se autodestruye. Los agnósticos (las personas que creen en el agnosticismo) no se dan cuenta de que en realidad *saben* algo acerca de Dios: saben que no pueden conocer a Dios. Si el agnosticismo fuera verdad, esa persona no podría hacer ninguna declaración referente a Dios porque Dios no existe. Entonces tampoco existiría su afirmación agnóstica.

2. *La misma afirmación en cuanto a que "los seres humanos no pueden conocer la verdad" es en sí una declaración referente a la verdad.* Si los agnósticos no pueden conocer la verdad, ¿cómo saben entonces que el agnosticismo es cierto? En otras palabras, los agnósticos utilizan la verdad para decir que la verdad no existe. El principio del bumerang se vuelve a aplicar.

3. *Cuando los agnósticos efectúan una declaración negativa al expresar que "no se puede saber ni de la verdad ni de Dios", están presuponiendo un conocimiento en relación a ambas cosas.* Recuerda esto: toda declaración negativa presupone un conocimiento positivo. Por ejemplo, una persona efectúa una declaración negativa cuando dice: "La camisa no es blanca". De esta manera se asume que sabe algo acerca del verdadero color de la camisa o, de lo contrario, no podría estar seguro de que no es blanca. Asimismo, el agnosticismo debe tener algún conocimiento acerca de Dios para poder decir que no se lo puede conocer. De otro modo, ¿cómo lo sabría?

Dudar de todo lo que declara ser la verdad

La segunda barrera de la verdad es el "escepticismo", la creencia que dice que debemos dudar de todo, inclusive de la verdad acerca del cristianismo. "Simplemente sé escéptico en cuanto a todo", dicen los defensores del escepticismo. Es la filosofía de la incertidumbre. Esta opinión radical sobre la verdad no es nueva. Sus raíces se hallan profundamente arraigadas desde tiempos antiguos antes de Cristo. En la era moderna tenemos como mayor exponente a David Hume (1711-1776).

Este punto de vista es particularmente amenazador para el cristianismo debido a su énfasis en la "indecisión". Cristo nos invita a que tomemos una decisión en cuanto a Él, ya sea a favor o en contra, y al mundo en que vivimos. El escepticismo dice: "Aplaza esa decisión y déjala de lado". Aún así, hay varias razones que respaldan el rechazo del escepticismo.

1. *El escepticismo se autodestruye, tal como en el caso del agnosticismo.* Es imposible ser escéptico en cuanto a *todo.* De ser así, tendríamos que ser escépticos en relación a nuestro propio escepticismo.

2. *El hecho de "aplazar" una decisión con respecto al mundo es, ciertamente, tomar una decisión sobre el asunto.* Muchas personas no se dan cuenta de que el hecho de no tomar una decisión es, en realidad, una decisión en sí. Si aplicáramos el escepticismo a una situación de la vida

real descubriríamos rápidamente que es autodestructivo. Por ejemplo, si tu automóvil estuviera detenido sobre las vías del ferrocarril mientras se acerca un tren que se halla a unos treinta metros (cien pies) de distancia, ¿no sería sabio tomar una decisión? Si no tomaras la decisión de mover el automóvil hacia adelante o hacia atrás, en realidad habrías tomado la decisión de no estar a salvo.

3. Jesús combatió el escepticismo durante su propio ministerio. Después de resucitar físicamente de los muertos, se ocupó de las dudas de los discípulos ofreciéndoles que le examinaran las manos y los pies traspasados (Luc. 24:38-39). Jesús les redujo aún más el escepticismo al comer junto con ellos parte de un pez asado (Luc. 24:42).

La verdad es diferente para cada persona; es "relativa"

La tercera barrera de la verdad es una cuestión de la perspectiva que posee cada persona. Esta opinión se denomina "relativismo". Niega que la verdad sea absoluta y que se aplique a *todas las personas* en *todo lugar* y en *todo momento.*

El relativismo y sus numerosas modalidades son, en gran medida, los puntos de vista más populares acerca de la verdad dentro de los centros universitarios de la actualidad. El profesor Allan Bloom dice en su libro *The Closing of American Mind* [El cierre de la mente norteamericana]: "Hay una sola cosa de la cual un profesor puede estar absolutamente seguro: casi todos los estudiantes que entran en la universidad creen, o dicen creer, que la verdad es relativa".[4]

Existen por lo menos tres clases diferentes de relativismo: (1) La verdad es relativa al tiempo. En otras palabras, lo que fue verdad *entonces* no es necesariamente verdad *ahora.* (2) La verdad es relativa a las personas. O sea, lo que es cierto para *ti* no siempre lo es para *los demás.* (3) La verdad depende del lugar. Esto significa que lo que es verdad en la China quizá no lo sea en los Estados Unidos.

El relativismo es la barrera más común frente a la opinión cristiana de la verdad: que la verdad se corresponde o se relaciona con la realidad (teoría de correspondencia). El relativismo se ha convertido en algo tan aceptado entre los alumnos de escuela secundaria y los alumnos universitarios que a los cristianos que creen que la verdad es "absoluta" se los considera poseedores de una mente cerrada, exclusivistas e intolerantes.

Existen varias razones para rechazar el relativismo.

1. Tal como en los casos del agnosticismo y el escepticismo, el relativismo es autodestructivo. La declaración "toda verdad es relativa" *es* en sí una verdad absoluta. Recuerda que el relativista dice que su declaración es verdadera para todas las personas en todo momento y en todo lugar. Si es verdad para todas las personas en todo momento y en todo lugar, ¡entonces es una verdad "absoluta"!

En realidad, el relativismo es imposible. Se debe utilizar una verdad absoluta a fin de afirmar el relativismo. Además, para llegar al corazón de la cuestión hay que preguntarles a los relativistas si su opinión acerca de la verdad es sólo su propia perspectiva o si es así para todas las personas en todo momento y en todo lugar. Si es solamente su perspectiva, entonces deja la puerta abierta a la posibilidad de que exista la verdad absoluta, ya que su declaración es independiente y se aplica únicamente a su propia concepción limitada de las cosas. En caso contrario, si dice que su opinión acerca de la verdad es para todas las personas en todo momento y en todo lugar, ya deja de ser relativista y cree inconscientemente en la verdad absoluta.

2. *Si la verdad es relativa a alguna otra cosa, ¿qué es esa otra cosa?* No puede ser relativa a lo relativo de lo relativo, y así sucesivamente. Es decir, la verdad debe tener algo fijo o absoluto con lo cual corresponderse en el mundo real. Si en el mundo real no hay nada con lo cual pueda corresponderse el punto de vista relativista de la persona, entonces no existe ninguna prueba para ver si es verdadero.

Muchos profesores universitarios han tratado de comprobar el relativismo enfrentando a los alumnos con este argumento: "El reloj que está en la pared se halla a mi derecha", pero está a la izquierda de los alumnos que miran al frente. Da la idea de que el profesor demuestra que su punto de vista de que la verdad es relativa es correcto, puesto que el reloj está a su *derecha*, pero a la *izquierda* de los alumnos.

No obstante, el profesor no se da cuenta de que en su ilustración se esconden, en realidad, *dos* declaraciones diferentes. Una de ellas se refiere a la ubicación del reloj desde *su* perspectiva (al frente de la clase) y la otra corresponde al reloj desde la perspectiva del alumno (mirando al profesor). Por lo tanto, se deben evaluar dos declaraciones separadas desde cada una de las perspectivas. Cada declaración contiene un valor real que es único solamente para sí. Es claro que la declaración del profesor en cuanto a que el reloj está a su derecha es una verdad absoluta para todos los que están en la clase. No obstante, es una cuestión diferente cuando se pregunta de qué lado está el reloj desde la perspectiva de los alumnos que miran hacia el frente. Es una verdad absoluta para todos, incluyendo al profesor, que el reloj está a la izquierda de los alumnos.

Toda verdad es absoluta. La declaración de que 2 + 2 = 4 no es solamente cierta para los matemáticos y los profesores; es verdadera para todas las personas de todos los lugares y de toda creencia religiosa y filosófica.

La verdad es lo que uno siente que es lo correcto

La cuarta barrera de la verdad es el "subjetivismo", la creencia de que los sentimientos, las emociones y la intuición son la clave para descubrir lo que es verdadero. Diciéndolo en forma sencilla, la verdad es lo que uno *siente* que es lo correcto. La idea detrás de esta opinión es que la verdad *hace sentir bien* y que el error *hace sentir mal*. Muchos mormones se han equivocado al recurrir a la sensación de un "fuego en el corazón" como prueba de que el Libro del Mormón es verdadero. El subjetivismo contiene varias falencias.

1. *Los sentimientos son una prueba mala de lo que es verdadero porque tanto ellos como las emociones cambian.* Los sentimientos cambiantes no se pueden utilizar como base para la verdad inmutable. De no ser así, la verdad podría cambiar lo que es correcto junto con nuestros sentimientos. Sólo piensa en las implicancias. La ley de gravedad se tendría que revisar diariamente dependiendo de qué científico *sintiera* que es cierta. Las enciclopedias que contienen verdades históricas se tendrían que modificar para reflejar los sentimientos y las emociones actuales del editor.

2. *¿Qué sucedería si dos personas tuvieran sentimientos diferentes acerca de la misma declaración?* ¿Qué sentimiento se debería aceptar? ¿Cómo averiguamos si la declaración es verdadera? Los sentimientos son buenos y Dios quiere que los experimentemos y los utilicemos junto con las emociones. No obstante, hay formas adecuadas e inadecuadas de utilizar los sentimientos. Es apropiado usar los sentimientos cuando se expresa, se comparte o se defiende la verdad, pero es inapropiado utilizarlos para comprobarla, demostrarla y respaldarla.

3. *Es evidente que las malas noticias pueden ser ciertas.* No obstante, si sólo es verdad lo que hace sentir bien, entonces deberíamos rechazar toda noticia que nos haga sentir mal. ¡Sólo piensa en lo que implica! Cuando el dentista te dice que es necesario hacer un tratamiento de conducto, o el maestro te avisa que obtuviste una nota insuficiente en el examen, si desestimas la información pues consideras que es mentira, entonces corres peligro de perder un diente o de reprobar la materia. En resumen, los sentimientos pueden ser un *resultado de* o una *reacción ante* la verdad, no una *base para* la verdad.

¿Son intolerantes y de mente cerrada los que creen en la verdad absoluta?

Las acusaciones más frecuentes que se lanzan contra los creyentes a la luz de su creencia en la verdad absoluta y en la moralidad son la *intolerancia* y el poseer una *mente cerrada*. El cuadro que algunos desean pintar de los creyentes es el de un caballo con anteojeras a los costados de los ojos a fin de limitar la visión que tienen del mundo o el de un avestruz con la cabeza enterrada en la arena, completamente ajena al mundo que la rodea. Esta actitud, sin embargo, está mal orientada por varias razones.

En primer lugar, la verdad es estrecha por definición. Si algo es verdad, entonces lo opuesto *debe* ser falso. Por ejemplo, si Pedro dice que su automóvil es totalmente rojo, y esto es cierto, entonces toda otra declaración que enuncie que es blanco, negro o amarillo debe ser falsa. Ninguna otra respuesta que exponga otro color puede ser verdad. ¿Qué sucede con los maestros de matemáticas que sólo aceptan una respuesta correcta en el examen? ¿Tienen ellos también una mente cerrada?

En segundo lugar, la persona que hace la declaración de que "la verdad absoluta es demasiado estrecha" está, en realidad, ofreciendo una verdad absoluta. Si así fuera, entonces el que hace la declaración posee igualmente una mente cerrada.

Tercero, los que acusan a los creyentes de *intolerantes* debido a que defienden la verdad absoluta están confundidos en cuanto al significado de la palabra *intolerancia*. La intolerancia se refiere a la forma o la actitud con que uno defiende la verdad y no a la verdad en sí misma. En otras palabras, esta declaración confunde *lo que* uno sostiene (la verdad) con *la forma* en que lo hace (la actitud). Si defender la verdad absoluta convierte a alguien en intolerante, entonces el que declara la verdad acerca de la intolerancia cristiana es igualmente intolerante.

Cuarto, es un error catalogar a alguien de intolerante simplemente porque no está de acuerdo con otra persona. El hecho de ser "tolerante" frente a las opiniones de los demás implica que existe un verdadero *desacuerdo* entre los puntos de vista. Nadie tolera aquello con lo que ya está de acuerdo. Es decir, la persona que acusa a alguien de intolerancia por causa de un simple desacuerdo, lo que en realidad desea simulando "tolerancia" es que el otro reconozca y acepte aquello con lo que no está de acuerdo.

Conclusión

¡Muy bien hecho! Acabas de concluir la primera pregunta del paso 1 de la meta apologética. Ahora que conoces los fundamentos de la verdad y la manera de responder a las barreras que se le presentan, completa el repaso que revé rápidamente los capítulos 1 y 2, y observa cuánto más fácil te resulta entender.

Repaso

1. ¿Por qué el tema de la "verdad" aparece al principio de este manual de estudio?_____

_____

2. Da dos razones por las cuales la verdad es importante.

(1)_____

_____

_____

_____

(2)_____

_____

_____

_____

3. ¿En qué consiste la verdad?_____

_____

_____

_____

4. Las declaraciones verdaderas deben corresponderse con: (elige una respuesta)

    a. las buenas intenciones

    b. la perspectiva personal

    c. los hechos del mundo real

    d. los sentimientos

5. Explica el "principio del bumerang".

_____

_____

_____

_____

6. ¿Cuál de las siguientes declaraciones tiene un efecto bumerang?

    a. Soy el único jugador de béisbol que está cansado.

    b. El tema de la verdad es muy interesante.

    c. La verdad no existe.

    d. Una verdad no puede ser mentira.

CAPÍTULO 4
¿Existe Dios?

Situación

Pedro y Juan van a la habitación de Pedro a buscar un par de libros que el grupo de estudio bíblico de este último estuvo leyendo durante el año pasado. Pedro le muestra a Juan las secciones que tratan acerca de la manera en que una persona descubre qué es verdadero y qué no lo es. Después de volver a llenar de licuado los vasos, se sientan otra vez en los sillones mullidos de la sala, la cual ahora está bañada por la cálida luz anaranjada de un atardecer glorioso.

Pedro: Así que, la verdad se reduce simplemente a decir algo tal como es. Lo que uno dice que es verdadero debe estar de acuerdo con los hechos del mundo real.

Juan: Estoy de acuerdo con eso. ¡Guau! Mira el atardecer. ¡Esto sí que es asombroso!

Pedro: ¡Es verdad!

Juan: Pero, Pedro, ¿cómo sabes que es verdad que Dios existe? Nunca hablé con Él. No lo he visto. ¿Tú sí?

Pedro: ¿Estás mirando el atardecer? ¿Ves lo que yo veo?

Preguntas

- ¿Cómo sabes que Dios existe?
- ¿Debes creer en alguien que no puedes ver?
- ¿Cómo le respondes a alguien que dice que no cree en Dios?

Propósito

Presentar razones que respaldan la creencia cristiana en la existencia de Dios.

Objetivo

Aprender tres pruebas cruciales que se pueden utilizar para demostrarles la existencia de Dios a los incrédulos.

En este capítulo aprenderás...

* que los creyentes tienen buenas razones para creer en la existencia de Dios en base a las pruebas de la primera causa, el diseño y la moral,
* que la *prueba de la primera causa* usa al universo para demostrar que Dios es su causa,
* que la *prueba del diseño* utiliza el orden de nuestro mundo para comprobar que el responsable de este es un diseñador inteligente,
* que la *prueba moral* usa la ley moral escrita en nuestro corazón para probar que existe alguien que ha dado esa ley.

Los filósofos, los teólogos y los científicos han luchado largo tiempo con la añeja pregunta acerca de la existencia de Dios. Esta pregunta es la más importante para nosotros porque todas las otras doctrinas cristianas fluyen de Dios. La existencia de Dios es fundamental por el hecho de que el cristianismo se sostiene o se derrumba en función de ella. Si Dios no existe, no es posible que tenga un Hijo (Jesús). Si Dios no existe, no es posible que nos haya dado su Palabra (la Biblia) ni que haya realizado acciones (milagros). Finalmente, el éxito en el establecimiento de la perspectiva cristiana yace en la capacidad que tengamos, por medio del Espíritu Santo, de convencer a los incrédulos acerca de la realidad de un Dios bueno, poderoso e inteligente.

En el segundo paso de nuestra meta apologética, centraremos la atención en la primera pregunta: ¿Existe Dios? La respuesta a esta pregunta surge de tres pruebas, pruebas que arrojan evidencia a partir del *origen* del universo, el *orden* que vemos en el mundo y el *parámetro* que Dios ha dado en cuanto a lo correcto y lo incorrecto y que se halla dentro de cada uno de nosotros.

¿Por qué no solo se debe utilizar versículos bíblicos para demostrar que Dios existe?

La Biblia es la mejor manera de aprender más acerca de Dios y de su plan de salvación para la humanidad. No obstante, no todos creen que la Biblia es cierta y confiable. Esta es la razón por la cual necesitamos otros métodos para convencer a alguien de que Dios existe. Cuando testificamos debemos *comenzar* utilizando las Escrituras, pero cuando surgen objeciones hacia la Biblia, entonces tenemos que estar preparados para usar y recurrir a pruebas que no provengan de ella pero que continúen siendo consistentes con ella.

Estas pruebas pueden ser científicas, históricas o, simplemente, de sentido común. Algunos ejemplos de esto que aparecen en la Biblia se pueden hallar en Hechos 14:5-18, cuando Pablo y Bernabé utilizaron la "naturaleza" (v. 17) como herramienta testimonial ante los creyentes de Listra. También en Hechos 17:22-34, Pablo usó la "poesía" (v. 28) para convencer a los incrédulos de Atenas.

Pablo daba la impresión de tener diferentes maneras de testificarles a distintas personas según la condición espiritual en que se encontraran. Si un incrédulo era religioso, quizá seguidor del judaísmo, Pablo entonces utilizaba las Escrituras del Antiguo Testamento para convencerlo de que Jesús era el Mesías (Hech. 17:1-4). Siempre que testifiquemos, el punto principal es este: El mensaje del evangelio no puede cambiar; no obstante, sí puede modificarse la forma en que lo presentemos.

¿Cómo sabemos que Dios existe?

Podemos tener confianza y descansar seguros de que la existencia de Dios está respaldada por buenas razones y por una abundancia de evidencias. Para contradecir al cristianismo se puede decir que jamás se ha comprobado de manera concluyente ninguna evidencia arqueológica, histórica ni filosófica. De hecho, se puede demostrar lo opuesto. Aunque existen muchas muestras de evidencia para comprobar la existencia de Dios, nosotros nos concentraremos en tres pruebas dignas de destacar: la *causa primera*, el *diseño* y la *moral*. Las tres tienen un punto de partida diferente pero la misma meta: demostrar la existencia del Dios de la Biblia.

La prueba de la causa primera: Dios debe ser la causa primera del mundo.

¿Cómo se produjo el universo? ¿Siempre existió? ¿Alguien o algo lo colocó aquí? La prueba de la causa primera busca demostrar que *el universo no es eterno* y que no pudo haber llegado hasta aquí por cuenta propia. En otras palabras, alguien o algo debe de haber causado su existencia (Gén. 1:1). La lógica detrás de la prueba se puede enunciar mediante tres declaraciones que es necesario memorizar.

1. Lo que tuvo un principio tuvo una causa.
2. El universo tuvo un principio.
3. Por lo tanto, el universo tuvo una causa.

Observemos cada una de las declaraciones y resumamos por qué creemos que cada una de ellas es cierta.

Lo que tuvo un principio tuvo una causa. Las cosas no entran en existencia por sí mismas. Algo las debe causar. La ley que define este concepto dentro de la ciencia se denomina "principio de causalidad". Este dice que todo efecto debe tener una causa. En la vida diaria vemos efectos tales como los edificios, los relojes, las pinturas y los automóviles. Todas estas cosas tuvieron un principio y, por lo tanto, necesitaron una causa. ¿Puedes pensar en algo que haya surgido absolutamente de la nada? Se ha dicho: "Nada viene de la nada." ¿Lo ves? El principio debe comenzar en alguna parte con una causa inicial.

El pensamiento natural que se nos viene a la mente es: *Si todo necesita una causa, entonces Dios también la necesita.* Recuerda que sólo las cosas que tuvieron un principio necesitan una causa. Dios es eterno, no fue creado y no necesita una causa. Si así no fuera, tendríamos que buscar la causa de Dios siguiendo una y otra vez hasta el infinito sin llegar jamás al principio.

Si esto es cierto, debe haber una causa en el pasado que no necesita causa. A esta causa la denominamos "Dios".

La causa primera de todo lo que existe debe ser eterna y no creada a fin de tener el poder para comenzar todas las cosas, incluyendo el universo. Puede parecernos obvio que los edificios, los relojes y las pinturas necesiten una causa, pero ¿qué sucede con el universo en su totalidad? ¿Cómo sabemos que el universo tuvo un principio?

El universo tuvo un principio. Hace muchos años había muchos científicos que creían que el universo era eterno, sin ningún principio. Sin embargo, en el siglo XX los científicos descubrieron informaciones nuevas que indican que el universo debe de haber tenido un principio.[1]

En primer lugar, alrededor del año 1927, el astrónomo Edwin Hubble dejó absorta a la comunidad científica al descubrir los movimientos expansivos de nuestra galaxia y del más allá. En otras palabras, Hubble descubrió que las galaxias se alejaban de nosotros a altas velocidades. Esta expansión es similar a la explosión de una bomba; cuando golpea el suelo, la tierra y los escombros vuelan por todas partes. Este descubrimiento se denominó "universo en expansión" y provocó que algunos científicos cambiaran su opinión acerca de un universo eterno, volcándose hacia la idea de que debe de haber tenido un principio. ¿Por qué? Porque si se revirtiera la expansión, se volvería a llegar a un punto inicial más allá del cual no habría nada.

Para entender esto, piensa en un proyector de películas. Cuando veas una filmación, presiona el botón de retroceso y observa cómo vuelve atrás. Finalmente llegará al principio de la película, donde repentinamente no se verá nada en la pantalla. Este es un cuadro de lo que sucedería si hoy revirtiéramos el universo en expansión. Llegaríamos a un punto en el tiempo en el cual no existiría nada. Esto nos da una buena razón para creer que el universo debe de haber tenido un principio en el pasado lejano.

En segundo lugar, basados en descubrimientos nuevos similares al universo en expansión, los científicos modernos se están inclinando por un modelo de los orígenes denominado "teoría del big bang", la cual sugiere que el universo entró en existencia a través de una gran explosión. No todos estaríamos de acuerdo con la totalidad de los aspectos de la teoría, pero ella sugiere un *principio* del universo (Gén. 1:1). Si el universo tuvo un principio, entonces debe de haber tenido una causa.

Tercero, otra prueba que indica la existencia de un principio es el desgaste y la desaparición de la energía utilizable. Es decir, nuestro universo está envejeciendo y se está deteriorando al igual que un antiguo granero o un par de pantalones vaqueros gastados. Los científicos tienen una ley que describe este proceso: la "segunda ley de la termodinámica".[2] ¿Cómo demuestra esto que el universo tuvo un principio? Piénsalo. Si el universo está perdiendo fuerza, en algún punto del tiempo en el pasado debe de haber estado con plena fortaleza. ¿Recuerdas la última vez que llenaste el tanque de gasolina de un automóvil o de una máquina cortadora de césped? Cuanto más utilizabas el motor, más se consumía el combustible. De pronto la aguja señalaba que el tanque estaba vacío. El universo opera de manera muy similar, o sea, quedándose sin energía utilizable. No podría quedarse sin energía a menos que primeramente haya estado repleto en el pasado. Recuerda: una cantidad infinita de energía se consume de la misma manera en que lo hace un tanque infinito de combustible. Aún así, el universo se está quedando sin energía; en consecuencia, debe de haber tenido un principio.

Finalmente, por medio del proceso de eliminación podemos descubrir de qué *manera* entró en existencia el universo o en realidad cualquier otra cosa. Hay solamente tres alternativas. El universo:

1. *no tuvo causa.* No, esta alternativa viola el principio de la causalidad: todo lo que tiene un principio necesita una causa para que se inicie.

2. *se causó a sí mismo.* Esto es imposible porque ninguna cosa se puede crear a sí misma. Es decir, el universo tendría que existir antes de su existencia. Es como tratar de elevarte del suelo sin tener nada que te sostenga.

3. *fue causado por alguien o algo.* ¡Sí! Es la única explicación razonable. Esta es la opinión cristiana acerca de cómo entró en existencia el universo y es consistente con el principio de causalidad.

Observa que las dos primeras posibilidades referentes a los orígenes violan la ley científica de la causalidad o bien son imposibles, lo cual deja tan sólo una alternativa: *el universo debe de haber sido causado por alguien o algo.* ¿Qué es más razonable creer: la declaración de los ateos que dice que el universo entró en existencia de la nada y por medio de nada, o la propuesta del creyente que declara que el universo fue creado de la nada y por alguien (Heb. 11:3)? Este alguien se denomina "Dios". El ateo *no tiene* una causa primera del universo, mientras que el cristiano ¡sí la tiene!

Por lo tanto, el universo tuvo una causa. Esta es la conclusión sólida si las dos declaraciones de nuestra prueba de la causa primera son verdaderas. Tal como hemos visto, existe una buena razón para creer que el universo entró en existencia en un cierto punto del pasado distante. Y si tuvo un principio, tendría que tener una causa, porque nada entra en existencia por sí solo. A esta "causa" la denominamos Dios.

La prueba del diseño

El salmista dijo que nuestro mundo creado revela el conocimiento de Dios:

"Los cielos cuentan la gloria de Dios,
Y el firmamento anuncia la obra de sus manos.
Un día emite palabra a otro día,
Y una noche a otra noche declara sabiduría.
No hay lenguaje, ni palabras,
Ni es oída su voz.

Por toda la tierra salió su voz,
Y hasta el extremo del mundo sus palabras". (Sal. 19:1-4)

La prueba del diseño, que popularizó William Paley (1743-1805), busca demostrar que *el diseño en la creación de Dios señala hacia un diseñador esencial (Dios)*. Ahora que sabemos que tuvo que haber una causa primera para el universo y que no pudo haber surgido por sí mismo, echemos un vistazo a la segunda prueba de la existencia de Dios. Nuestra meta es mostrar que la causa primera (Dios) es *inteligente* y *tiene un propósito*. Su inteligencia y propósito se encuentran en nuestro universo.[3]

La prueba completa se puede enunciar en tres frases.

1. Todo diseño tuvo un diseñador.

2. El universo tiene un diseño.

3. Por lo tanto, el universo tuvo un diseñador.

Observemos estas declaraciones y demostremos por qué creemos que son ciertas.[4]

Todo diseño tuvo un diseñador. Esta declaración debería ser obvia para todos. Diseños inteligentes y ordenados tales como los trabajos de investigación, los discursos, los rostros presidenciales esculpidos sobre el monte Rushmore y los programas de computación provienen de la mente de diseñadores. La mayoría de nosotros sabe por experiencia que los edificios tienen constructores, que los relojes tienen relojeros y que las pinturas tienen pintores. Los diseños inteligentes no pueden surgir al azar, así como tampoco sería posible redactar el *Diccionario Webster* mediante una simple explosión dentro de una imprenta. El diseño nos informa que existe un diseñador responsable.

El universo tiene diseño. Ahora que sabemos que un diseño obviamente indica la existencia de un diseñador, es necesario dirigir nuestra atención a una pregunta importante: ¿Cómo sabemos que el universo se diseñó? Podemos responder esta pregunta observando el universo. El diseño que vemos es muy confuso y complejo. Por ejemplo, un animal unicelular contiene la misma cantidad de información que mil volúmenes de la *Enciclopedia Británica*.[5] ¿Sería razonable asumir que una enciclopedia descubierta en el bosque tuviera una causa inteligente? ¡Sí! Asimismo sería razonable creer que los seres humanos con todas sus capacidades cerebrales inteligentes, con órbitas oculares que se enfocan y luego invierten la imagen, y la compleja constitución de la célula tengan una causa inteligente. Esta evidente complejidad dentro de las células ha llevado al bioquímico Michael Behe a expresar la conclusión de que, "el resultado de estos esfuerzos acumulativos en la investigación de la célula –investigación de la vida a nivel molecular– es un clamor potente, claro y estridente que reclama un 'diseño'".[6]

Es razonable creer que las computadoras, las cámaras y las maquinarias sofisticadas necesiten causas inteligentes como los seres humanos para crearlas. Entonces ¿por qué les resulta tan difícil a algunas personas entender la necesidad de una causa inteligente para la existencia humana? Después de todo, el cerebro humano es más sofisticado que la computadora más veloz; el globo ocular, más preciso y capaz que la mejor cámara; y la mano humana es más flexible y funcional que el robot más avanzado. Con la abundancia de diseño que se observa en el universo, es razonable creer que exista un diseñador responsable.

Quizá algunos digan que el diseño es evidente cuando se refiere a los seres humanos; no obstante, cuando se refiere al mundo natural la historia es diferente. ¿De qué manera da muestra el universo de una creación inteligente?

Muchas personas llevan a cabo sus actividades diarias aparentemente ciegas frente al hecho de que el universo da señales de un diseño inteligente. En Romanos 1:19-21, Pablo deja en claro que el diseño de Dios en el universo es "claramente visible" y evidente en las cosas que Él hizo. Pablo continúa demostrando que la "ceguera" ante el diseño que se halla en el universo es resultado de la acción de quienes "detienen con injusticia la verdad" (Rom. 1:18).

El Dr. Hugh Ross, astrónomo, presenta una lista de varias muestras de evidencia que comprueban que nuestro mundo se ha diseñado de manera inteligente a fin de que exista la vida. Esta prueba se conoce como el "principio antrópico" (de la palabra griega *antrophos*, que significa humano). Las evidencias siguientes no dejan ninguna duda en cuanto a la delicada puesta a punto que se necesita para crear y mantener un medio ambiente apropiado para la vida humana. Mientras leas los siguientes aspectos extraordinarios de nuestro planeta, ten presente que muchos evolucionistas creen que el universo surgió por casualidad. Tú eres quien decide qué es lo que explica mejor la cuestión del origen y la operatividad continuada de la tierra: la casualidad o un diseño inteligente.

- Si la cantidad de oxígeno de la atmósfera fuera mayor de la que tiene ahora, las plantas y los hidratos de carbono se quemarían con demasiada facilidad. Si fuera menor, los animales avanzados tendrían muy poco para respirar.

- Si la actividad sísmica fuera mayor, se destruirían demasiadas formas de vida. Si fuera menor, los nutrientes depositados en el fondo del océano (por los residuos líquidos provenientes de los ríos) no se reciclarían hacia los continentes a través de los levantamientos tectónicos.
- Si el nivel de ozono de la atmósfera fuera mayor, la temperatura de superficie sería demasiado baja. Si fuera menor, sería demasiado elevada y habría mucha radiación ultravioleta.
- Si el espesor de la corteza terrestre fuera mayor, se transferiría demasiado oxígeno de la atmósfera a la corteza y viceversa. Si fuera más delgada, la actividad volcánica y tectónica sería demasiado grande.
- Si el campo magnético de la tierra fuera más potente, las tormentas electromagnéticas serían demasiado severas. Si fuera menor, tendríamos una protección inadecuada ante la intensa radiación estelar.
- Si la interacción gravitacional entre la tierra y la luna fuera mayor, entonces los efectos de las mareas sobre los océanos, la atmósfera y el período rotacional serían demasiado severos. Si fuera menor, los cambios orbitales provocarían inestabilidades climáticas.
- Si la inclinación del eje de la tierra fuera mayor o menor, la temperatura de superficie sería demasiado elevada.
- Si los niveles de dióxido de carbono y de vapor de agua de la atmósfera fueran más elevados, se desarrollaría un efecto invernadero exagerado. Si fueran menores, este efecto sería insuficiente.
- Si el período rotacional de la tierra fuera más prolongado, las diferencias de temperatura diurna serían demasiado amplias. Si fuera menor, las velocidades del viento atmosférico serían demasiado intensas.
- Si la relación oxígeno nitrógeno de la atmósfera fuera mayor, las funciones correspondientes a las vidas avanzadas progresarían con demasiada rapidez. Si fuera menor, éstas se efectuarían muy lentamente.[7]

A manera de evidencia de la obra de Dios, el orden natural de las cosas con la precisión y el equilibrio de las fuerzas atmosféricas y microscópicas nos revela el diseño singular que Él nos ha dejado. Más aún, se nos ha dotado de capacidades inteligentes que nos permiten descubrir y apreciar no sólo el poder asombroso de Dios sino también su inteligencia. Una vez más, la evidencia de un diseño inteligente en nuestro universo indica la existencia de un diseñador esencial: Dios. ¡Él solo es digno de nuestra alabanza! (Sal. 19; Rom. 1:19-21)

Por lo tanto, el universo tuvo un diseñador. La conclusión que se presenta más arriba es verdadera si las dos primeras declaraciones de nuestra prueba del diseño son correctas. Recuerda: la inteligencia da origen a la inteligencia. Algunas personas creen que el universo se formó simplemente por la acción de fuerzas naturales. No obstante, nunca se ha observado que fuerzas naturales produzcan la clase de complejidad específica que se halla en una célula viviente.

Un científico calculó que la probabilidad de que una célula animal surja naturalmente por pura casualidad es de 1 en 10^{40000} (¡esto consiste en un 10 seguido de 40.000 ceros!). Se requiere más fe para creer en esto de la que se necesita para creer que una causa inteligente creó al animal unicelular. El diseño del universo indica la existencia de un gran diseñador. A este "diseñador" lo denominamos Dios.

La prueba moral

A manera de repaso, la prueba de la causa primera demuestra que el universo tuvo un principio y que, en consecuencia, debe de haber tenido una causa; y la prueba del diseño comprueba que el que causó el universo debe de haber sido inteligente debido al diseño que descubrimos en el mundo.

La tercera y última prueba de la existencia de Dios demostrará que el Creador le dio al ser humano la capacidad dentro del corazón para diferenciar lo correcto de lo incorrecto. La prueba moral agrega otra pieza al rompecabezas al demostrar que Dios no es sólo la causa inteligente del universo sino que también es bueno y moral. La meta de esta prueba es comprobarle al incrédulo que, si existe una ley moral (un parámetro de lo correcto y lo incorrecto), entonces debe haber un dador moral de esa ley: Dios. Los filósofos y los teólogos del pasado discutían esta prueba con gran entusiasmo analizando sus fortalezas y debilidades. Cuando se aclaró el panorama, se hizo evidente que la prueba moral tenía una base sólida.

La capacidad para discernir lo bueno de lo malo y saber lo que uno "debe" hacer moralmente se denomina "ley moral"; algunos la llaman conciencia. Los principios morales son leyes en cuanto a lo correcto y lo incorrecto que se aplican a todas las personas de la tierra. Es decir, estas leyes nos hacen conscientes de cómo *deberíamos* comportarnos en relación a lo correcto y lo incorrecto. Cuando tratamos el tema de las acciones buenas o malas, estamos entrando en el campo que se denomina "moral" o "ética". Esta es la razón por la cual la llamamos prueba moral.

La totalidad de la prueba se puede enunciar en tres declaraciones.

1. Toda ley moral tuvo un dador moral.

2. Hay una ley moral.

3. Por lo tanto, la ley tuvo un dador moral.

Observemos estas declaraciones y demostremos por qué creemos que son verdaderas.

Toda ley moral tuvo un dador moral. El fundamento bíblico para la prueba moral se encuentra en Romanos 2:15-16, donde Pablo escribe haciendo referencia a la humanidad que está "mostrando la obra de la ley escrita en sus corazones, dando testimonio su conciencia, y acusándoles o defendiéndoles sus razonamientos, en el día en que Dios juzgará por Jesucristo los secretos de los hombres". Pablo está escribiendo acerca de una ley moral que se encuentra dentro de cada corazón y que actúa como un juez interno de los pensamientos y las acciones de la persona.

Sabemos que las leyes no surgen por sí mismas; deben ser dadas o legisladas. Las leyes que gobiernan los Estados Unidos no aparecieron de la nada; los que elaboraron las leyes pasaron innumerable cantidad de horas formulándolas y lanzándolas ante la sociedad. Además, las prescripciones médicas no se prescriben por sí solas; necesitan a alguien que las prescriba, a quien denominamos "médico". Así también sucede con la ley moral escrita dentro de nosotros, la cual necesita un dador. A este dador de la ley lo conocemos como Dios.

Hay una ley moral objetiva que une a todas las personas en todo lugar y en todo momento. ¿Cómo sabemos que todos los seres humanos conocen la diferencia entre lo correcto y lo incorrecto? ¿Cómo sabemos que hay una ley moral dentro de nosotros? Podemos estar seguros de esto por varias razones.

En primer lugar, parece existir un acuerdo entre toda la gente en cuanto a que ciertas cosas *siempre* son incorrectas. Por ejemplo, virtualmente toda la gente considera que el asesinato, la violación, el robo, la mentira y el abuso sexual son cosas malas. Y todos desean ser tratados con dignidad, justicia y cortesía. Si no hubiese una ley moral escrita en el corazón, habría que esperar que existiera una variedad más amplia de cosas que la gente cree que son incorrectas. Este acuerdo virtualmente universal entre todas las personas en relación a qué es correcto y qué incorrecto sugiere poderosamente que existe un patrón dentro del corazón de cada una de ellas.

En segundo lugar, observamos que aun los que niegan la existencia de un orden moral viven su vida como si lo hubiera. Por ejemplo, si alguien se pusiera de pie ante una audiencia para objetar la ley moral y nosotros dijéramos repentinamente, "¿A quién le interesa lo que tú piensas?, ¡siéntate!", esa persona se sentiría molesta por haber sido tratada con rudeza y por habérsele negado la misma oportunidad para hablar. Las palabras de aquella persona intentaban dar la impresión de que no cree que exista un parámetro para toda la gente en relación a lo que es correcto y lo que no lo es. Sin embargo, la forma en que reacciona ante la injusticia, en especial cuando está dirigida contra ellos, muestra que realmente cree en un orden moral. No son necesariamente las acciones de una persona las que nos llevan a averiguar qué es lo que cree sino sus *reacciones*. Ni bien se las trata con respecto, dignidad o justicia descubrimos que, en realidad, defienden la existencia de una ley moral a pesar de lo que digan.

Tercero, los que niegan que haya un patrón de lo correcto y lo incorrecto pasan por alto ciertos valores que nunca nadie debería negar. Por ejemplo, toda la gente valora el derecho que posee a estar en desacuerdo, a pensar libremente, a respirar, a comer, a vivir y a ejercer la libre elección. Si se negara cualquiera de estos valores, inmediatamente descubriríamos la verdadera creencia de una persona en cuanto a la moral.

Cuarto, a menudo emitimos juicios tales como "el mundo está empeorando" o "mejorando", pero estas declaraciones son imposibles sin que exista un patrón fuera del mundo en cuanto a qué es "mejor". La ley moral sirve como regla o medida de lo que es bueno y malo de modo que podamos juzgar si el mundo está mejorando o empeorando. El progreso verdadero no se puede medir sin un patrón final por medio del cual se evalúe.

Por lo tanto, existe un dador moral de la ley. Se ha demostrado que la ley moral existe realmente dentro del corazón y la conciencia de la humanidad. Si las dos primeras declaraciones de la ley moral son verdaderas, entonces esta conclusión también lo es. Así como tenemos legisladores que elaboran las leyes que gobiernan nuestro país, del mismo modo necesitamos un dador de la ley (Dios) que compone leyes que gobiernan nuestro pensamiento y nuestras acciones.

Conclusión

Se podría decir mucho más acerca de estas evidencias de la existencia de Dios. Los puntos básicos de cada una de ellas se pueden memorizar fácilmente en tres declaraciones. Cada prueba tiene un punto de partida diferente (universo, diseño, principios morales) y un propósito distinto, y utilizándolas a las tres juntas podemos demostrar que el Dios de la Biblia existe realmente. Este Dios es inteligente en virtud de su diseño, poderoso tal como lo demuestra su capacidad creativa y bueno debido a la ley moral que está escrita en el corazón de cada persona. A este Ser bueno e inteligente lo llamamos Dios. Si ocupas tiempo familiarizándote con las pruebas, estas se convertirán en una herramienta valiosa para compartir a Cristo con los demás.

Repaso

1. ¿Por qué es importante que los creyentes sean capaces de dar razones de la existencia de Dios?_____

_____

_____

_____

_____

2. ¿Por qué los versículos bíblicos no son suficientes para comprobar que Dios existe?

_____

_____

_____

_____

3. Escribe el nombre de las tres pruebas de la existencia de Dios.

_____

_____

_____

4. Describe el propósito principal de cada prueba.

_____

_____

_____

5. ¿Por qué el universo no puede carecer de una causa o ser causa de sí mismo?

_____

_____

_____

6. Enumera algunas pruebas científicas referentes a que el universo tuvo un principio.

_____

_____

_____

7. ¿Por qué la segunda ley de la termodinámica es importante al demostrar que el universo tuvo un principio?

_____

_____

_____

CAPÍTULO 5
¿Qué sucede con la evolución?

Situación

Sara y Yanina (las hermanas menores de Pedro y Juan) se cruzan y se chocan al salir del segundo período de clase de biología.

Yanina: ¡Ay! ¡Lo siento!

Sara: No hay problema. Yo no miraba por dónde iba. Soy nueva aquí y estoy un poco ansiosa por encontrar dónde tengo que ir para la próxima clase.

Yanina: Yo soy Yanina (*riéndose tontamente*).

Sara: Yo Sara. ¿Dije algo divertido o me quedaron restos del desayuno entre los dientes?

Yanina: No, no. Es lo que dijo el profesor acerca de que evolucionamos de los peces. Suena como que estuvo demasiado tiempo debajo del agua nadando con esos peces. Se le torció el cerebro o algo parecido. Bastante trastornado, ¿no? Tal vez esto explica por qué mi hermano Pedro quiere practicar surf todo el tiempo. ¡Simplemente está por debajo de mí en la escala evolutiva!

Sara: Ah, ¿Pedro es tu hermano? Mi hermano Juan fue ayer a hacer surf con él frente a tu casa. Dijo que la conversación fue más pesada que las olas.

Yanina: ¿En serio?

Sara: Yanina, hablando en serio, ¿no te parece que hayamos podido evolucionar a partir de formas de vida más simples como resultado de una adaptación al medio ambiente? A mí me suena lógico y científico, ¡aunque me alegro de haber perdido esos escalones en el camino!

Yanina: Para nada. El único lugar en el que he visto una sirena es en las películas. ¿Y tú?

Sara: Es cierto, pero ¿qué otra explicación hay? ¿El jardín del Edén y Adán y Eva? Me tengo que ir. ¿Nos encontramos para almorzar juntas?

Preguntas

- ¿Te han enseñado que la evolución es la única explicación científica del desarrollo de la vida sobre la tierra?
- ¿Estás preparado para defender explicaciones alternativas?

Propósito

Definir la evolución y poner en evidencia su frágil fundamento.

Objetivo

Entender las características básicas de la evolución y formular razones por las cuales los creyentes creen que es una opinión falsa del origen y el desarrollo de la vida.

En este capítulo aprenderás...

- que las dos características más importantes de la evolución son (1) la creencia de que la primera vida surgió por casualidad y (2) la creencia de que la vida simple ha evolucionado durante millones de años y ha alcanzado un estado más complejo mediante un proceso denominado "selección natural",
- la diferencia entre la microevolución y la macroevolución,
- que la evidencia fósil no respalda la evolución,
- que muchos expertos evolucionistas admiten que su teoría tiene problemas severos,
- que los descubrimientos del hombre-mono fueron falsos o bien no son concluyentes para demostrar la evolución,
- que las escuelas públicas pueden estudiar la evidencia de la creación sin ser "religiosas",
- que el universo muestra señales excepcionales de un diseño inteligente.

En esta sección trasladaremos nuestra atención dejando atrás la manera de responder a las difíciles preguntas acerca de la existencia de Dios para tratar la teoría de la evolución propuesta por Charles Darwin. La evolución a menudo se enseña en las escuelas públicas como un *hecho*, mientras que la creación se considera como una cuestión de *fe* religiosa, lo cual establece un conflicto visible entre la Biblia y la ciencia. Hoy en día, la evolución ha penetrado en la mayoría de las clases de ciencia. Esto ha hecho que la evolución se haya convertido en una barrera tremenda que impide que muchas personas acepten las verdades de la Biblia. A menudo los alumnos creyentes soportan durante todo un semestre a un profesor universitario que habla elocuentemente acerca de que la vida comenzó por medio de causas puramente naturales y jamás hace una pregunta crítica que desafíe las suposiciones básicas de la teoría de la evolución. No obstante, después de terminar este capítulo serás capaz de discutir y cuestionar la evolución con tus maestros y compañeros de estudio sin provocar una "guerra santa" dentro de la clase. Tal vez tus ideas se expongan como algo renovador y desafiante.

Nuestra meta inicial será entender en qué consiste la evolución y luego demostrar que es una opinión falsa acerca del origen de la vida. En segundo lugar, vamos a responder a algunas objeciones comunes que presentan los evolucionistas frente a la doctrina cristiana de la creación. Aparte del uso de la Biblia existe gran cantidad de evidencia científica y buenas razones para responderles a los evolucionistas. Estas cosas resultarán útiles para demostrar que el universo y la vida fueron creados de manera sobrenatural. Al dejar de lado el uso de las Escrituras y utilizar un enfoque científico para responderle a la evolución evitaremos que nos acusen de fanatismo religioso.[1]

¿Qué es la evolución?

Cuando hablamos acerca de la evolución, muchos pensamos que su fundador fue Charles Darwin (1809-1892). Aunque Darwin sea tal vez la persona más conocida a la cual se la asocia con la evolución, las raíces de esta teoría se encuentran en ciertos filósofos griegos de la antigüedad. Lo más importante es la creencia principal de los evolucionistas en cuanto a que todas las cosas vivientes han evolucionado o se han desarrollado por medio de un proceso puramente natural partiendo de formas simples de vida hasta llegar a formas más sofisticadas. Se han desarrollado varias opiniones sobre la evolución; sin embargo, las que trataremos abarcan los orígenes de la primera vida y la evolución de nuevas formas de vida.

1. Los evolucionistas creen que la vida comenzó por casualidad a partir de la correcta combinación de materiales inertes

La primera creencia se refiere a los *orígenes* de la primera vida (conocida como evolución química). Según los evolucionistas, una carga eléctrica alcanzó un torbellino de gases unidos al agua, lo cual desencadenó una reacción química que generó el juego de construcción de la vida.[2] No se requirió ningún elemento sobrenatural; es decir, la vida surgió puramente por causas naturales. Esta opinión contradice directamente el modelo bíblico de los orígenes que aparece en Génesis 1, donde hay un Dios inteligente que creó la vida de manera sobrenatural. Hay varias razones que respaldan la razón por la cual la vida no surgió simplemente por causas naturales ni a partir de materiales inertes.

En primer lugar, se ha demostrado científicamente que la vida nunca procede de lo que no vive. Podríamos pedirle a un evolucionista que proporcione un ejemplo de algo vivo que surja de cosas sin vida, ya sea que se observe en la naturaleza o dentro de un laboratorio sin intervención inteligente, pero aun el proceso de pasteurización ha confirmado que la vida no puede entrar en existencia donde ella misma no exista. Cuando Luis Pasteur (1822-1895) destruyó toda vida bacterial al esterilizar el tubo de ensayo y colocar un sello alrededor de la tapa, le demostró a la comunidad científica que la vida no podía surgir a partir de un medio ambiente sin vida.

Por otra parte, los creyentes podemos dar cuenta en forma adecuada sobre la causa de la vida. Dios cumple con los requisitos de ser la primera causa de la vida porque para dar vida se requiere tenerla, y Dios *es* la vida (Juan 14:6; Col. 1:15-17). Además, ¿qué es más razonable creer, que la vida engendra vida o que lo que no tiene vida lo hace? ¿Alguna vez has visto que una piedra dé fruto?

En segundo lugar, la vida inteligente necesita una causa inteligente. Es irracional creer que una vida inteligente surja de una causa que no tiene vida ni inteligencia. ¿Se reunió la información del *Diccionario Webster* por la acción de una ráfaga de viento en un molino de papel? No. ¿Se compusieron las obras de Shakespeare como resultado de una explosión dentro de una imprenta? No. ¿Surgieron los rostros presidenciales del monte Rushmore como consecuencia de la erosión del viento y de la lluvia? ¡Desde luego que no! Todos estos son ejemplos de cosas que fueron creadas por una causa inteligente. En otras palabras, es irracional creer que la vida inteligente fue causada por fuerzas naturales carentes de inteligencia.

Tercero, tal como se trató anteriormente, la idea de que la vida surgió puramente por casualidad es anticientífica. La ciencia se jacta de estar basada en la observación y la experimentación, no en el razonamiento fundado en la casualidad. Además, las chances de que la vida haya comenzado por casualidad son muy bajas, y para todo propósito práctico es igual a cero. Algunos han calculado que las posibilidades son de 1 en 10^{40000}. ¡Esta cantidad es mayor que el número de átomos que hay en el universo! Se requiere más fe para creer en la evolución de la que es necesaria para creer en un creador sobrenatural.

Cuarto, algunos expertos en el campo de la biología han demostrado que el modelo evolutivo de los orígenes de la primera vida (evolución química) es falso. Aun el mismo Darwin admitió que "si se pudiera demostrar que existe algún órgano complejo que no haya tenido posibilidad de formarse como resultado de numerosas modificaciones leves y sucesivas, mi teoría se destruiría completamente"[3].

Asumiendo ese desafío, Michael Behe, profesor de bioquímica en la Universidad Lehigh, ha demostrado que las células vivientes dan señales de un diseño inteligente.[4] En su libro *La Caja Negra de Darwin* [Darwin's Black Box], Behe proporciona una poderosa evidencia de que las células vivientes no se pudieron haber originado mediante procesos evolutivos porque necesitan que todas sus partes funcionen juntas al mismo tiempo a fin de sobrevivir. Esto significa que las células no podrían haber surgido por etapas durante un largo período de tiempo porque no habrían sido capaces de sobrevivir teniendo intactas solamente algunas partes de sus componentes necesarios. En el caso de las células es o todo o nada.

El Dr. Behe ilustra este punto utilizando una trampa para ratones.[5] Si alguna parte de la trampa no está o no funciona, entonces no funcionará como un todo. Lo mismo sucede con las células vivientes. Deben tener todas las partes funcionando y en su lugar al mismo tiempo o se mueren. Este nuevo descubrimiento desafía la evolución al demostrar que la vida tiene que haber sido creada en su forma plena tal como lo indica el libro de Génesis.

2. Los evolucionistas creen que la vida simple se ha transformado durante millones de años hasta alcanzar un estado más complejo mediante un proceso de "selección natural"

La segunda característica importante de la evolución deja de lado el tema de los orígenes de la vida (evolución química) y se ocupa del desarrollo de las *nuevas* formas de vida (evolución biológica). Según los evolucionistas, la vida surgió naturalmente convirtiéndose en un animal unicelular, luego sufrió mutaciones y cambios, o evolucionó durante millones de años hasta llegar a las diversas clases de vida que vemos hoy, en la que los seres humanos son el punto más elevado de la cadena. Se dice que este proceso fue guiado por lo que Darwin denominó "selección natural".[6]

La selección natural es el proceso por medio del cual las especies más débiles se extinguen porque son incapaces de adaptarse a los cambios del medio ambiente en que se encuentran. ¿Has escuchado el término "supervivencia del más apto"? Según los evolucionistas, este proceso capacita a los diferentes tipos para que obtengan pureza biológica al mismo tiempo que elimina a los menos aptos. Se dice que el efecto general trae como resultado una especie más sofisticada y potente.

Se supone que estas especies diferentes de vida, incluyendo a los seres humanos, comparten una ascendencia genética común. Esto significa que, en el pasado distante, una especie, como la de los reptiles, evolucionó hasta convertirse en otra, como la de las aves. Este proceso continuó a través de millones de años hasta producir finalmente a los seres humanos. Esta transición de un tipo o especie de vida hacia otra se denomina "macroevolución". Los cambios que ocurren dentro de la misma especie se llaman "microevolución". Por ejemplo, las diversas especies de perros reflejan la realidad de la microevolución. El gráfico siguiente te ayudará a distinguir los dos tipos de evolución.[7]

Microevolución	Macroevolución
Cambio *dentro de* las especies	Cambio *de* especies
Cambio dentro de una *especie* de aves	Cambio *de* un reptil en un ave
Es *posible* que ocurra	Es *imposible* que ocurra
Muchos fósiles la sustentan	*Ningún* fósil la sustenta
Sí ocurre en la actualidad	*No* ocurre en la actualidad
Puede observarse	*No puede* observarse
Científica	Anticientífica

Los creyentes pueden aceptar la microevolución ("micro" = pequeño) como un hecho científico. No obstante, cuando vamos al libro de Génesis hallamos un cuadro radicalmente diferente en cuanto al desarrollo de la vida, y éste se opone a la macroevolución. Moisés escribió que Dios hizo cada forma de vida individual para que se reprodujera según su propio "género" y "especie" (Gén. 1:21-26). Es decir, las vacas nacen de las vacas, los perros de los perros, los peces de los peces y los seres humanos de los seres humanos. No se produce una cruza de especies en la reproducción ni hay macroevolución.

Es un hecho científico universal que una especie de vida básica no da surgimiento a *otra* especie ni se transforma en ella. Existe una adaptación *dentro* de una especie específica (por ejemplo, algunos perros son grandes y otros son pequeños, algunos tienen pelo corto y otros tienen pelo largo, etc.) pero no hay una transformación *de* una especie en otra (por ejemplo, de perro a caballo).

Ahora que sabemos qué es la evolución, echemos una mirada más profunda a algunos de los problemas que presenta.

Los problemas de la evolución

Antes de observar los diversos defectos que posee la evolución, recuerda que no hace falta citar simplemente versículos bíblicos para vencerla. Una abundante evidencia tomada desde un punto de vista científico y filosófico muestra que se debe rechazar la evolución y creer en la creación.[8]

Primero, los evolucionistas deben observar inicialmente la evidencia fósil a fin de establecer que una especie de vida evolucionó o cambió durante largos períodos de tiempo para convertirse en otra diferente (los monos en seres humanos o los gatos en perros). Esta es la mejor manera de descubrir cómo se desarrollaron a través del tiempo los diferentes tipos de vida.

Si los evolucionistas tienen razón, se tendrían que haber conservado miles de fósiles que demostraran una transición de una especie en otra. Por ejemplo, veríamos peces que se convierten en reptiles y monos que se convierten en seres humanos. Sin embargo, esto no es lo que encontramos. El registro fósil es un tema embarazoso para los evolucionistas.

La realidad es clara: el registro fósil respalda la creación.[9] Los descubrimientos demuestran que los animales aparecen plenamente formados y no en "transición", tal como declaran los evolucionistas. Estos fósiles conservados aparecen repentinamente dentro de la columna geológica y no dispersos a lo largo de varios períodos de tiempo. Esto concuerda con lo que dice Génesis acerca de la creación en el principio; a saber, que Dios creó todos los animales plenamente maduros y para que se reprodujeran según su propio género.

Observemos lo que dicen acerca de la evolución algunos científicos expertos en ese campo.

- A Darwin le resultaba difícil creer que el ojo se hubiese formado por selección natural cuando afirmó: "Suponer que el ojo con todo su artefacto inimitable para ajustar el foco a diferentes distancias, para admitir distintas cantidades de luz y para corregir la aberración esférica y cromática, se haya podido formar por selección natural parece, confieso abiertamente, absurdo en su máxima expresión".[10]
- Stephen Jay Gould, profesor de geología y paleontología en la Universidad de Harvard, dice: "Todos los paleontólogos saben que

el registro fósil contiene infinitamente poco en cuanto a las formas intermedias; las transiciones entre los grupos más importantes son característicamente abruptas".[11] Gould continúa afirmando: "La extrema rareza de las formas intermedias de transición dentro del registro fósil continúa siendo el secreto de fabricación de la paleontología".[12]

- David Raup, del Museo de Historia Natural (*Field Museum of Natural History)* de Chicago, afirma: "Ahora tenemos un cuarto de millón de especies fósiles pero la situación no ha cambiado mucho. El registro de la evolución es aún sorprendentemente entrecortado e, irónicamente, tenemos menos ejemplos de la transición evolutiva de los que teníamos en la época de Darwin".[13]

- Michael Denton, biólogo molecular y médico, dice: "Como evidencia de la existencia de eslabones naturales entre las grandes divisiones de la naturaleza, sólo son convincentes para alguien que ya esté convencido de la realidad de la evolución orgánica".[14]

- Michael Behe, profesor de bioquímica de la Universidad de Lehigh, escribe en su libro *La Caja Negra de Darwin*: "Ninguna persona de la Universidad de Harvard, nadie en los Institutos Nacionales de la Salud, ningún miembro de la Academia Nacional de Ciencias, ningún ganador del premio Nobel, nadie en absoluto puede dar un relato detallado de cómo pudieron haberse desarrollado los cilios o la vista o la coagulación de la sangre o cualquier proceso bioquímico complejo siguiendo la concepción darwiniana. Sin embargo, aquí estamos. Las plantas y los animales se encuentran aquí. Los sistemas complejos existen. Todas estas cosas llegaron hasta aquí de alguna manera: si no fue al estilo de Darwin, ¿entonces cómo sucedió?"[15]

En segundo lugar, los cambios sistémicos que ocurren entre las diversas especies de animales, como en el caso de los peces al convertirse en anfibios o de los monos al convertirse en hombres, se deben completar de una vez y no en forma gradual. El sistema interno de un animal es tal que los cambios de una especie a otra deben ser inmediatos o, de lo contrario, el animal se moriría. Por ejemplo, una persona puede realizar cambios de menor importancia en un automóvil en forma gradual y durante un período de tiempo sin alterar su tipo básico. Los cambios graduales se pueden efectuar en la forma de los parachoques, el color del automóvil y sus detalles decorativos. No obstante, si se realiza algún cambio en el tamaño de los pistones, esto requiere cambios *simultáneos* del árbol de levas, el bloque, el sistema de refrigeración, el compartimiento del motor y otros sistemas. De lo contrario, el sistema nuevo no funcionaría. Esta es la razón por la cual ningún fósil respalda un cambio *gradual* de una especie de vida a otra (macroevolución). Aunque es posible que ocurran cambios menores *dentro* de las especies, los cambios graduales *de* una especie a otra no pueden ocurrir.[16]

Tercero, las diferentes clases de animales quizá tengan un aspecto corporal similar, como en el caso de los monos y los seres humanos, pero esto no los convierte automáticamente en sus ancestros, así como tampoco existe una conexión genética entre un pájaro y un aeroplano por el hecho de tener un diseño estructural parecido. La forma corporal no se relaciona necesariamente con el hecho de tener antecesores en común. Más bien, los tipos de cuerpo similares señalan hacia un Creador en común que adecuó a los animales y a los seres humanos para un medio ambiente de vida similar.

¿Qué sucede con los descubrimientos del hombre-mono?

La mayoría de nosotros, en alguna oportunidad u otra, hemos visto libros de ciencia que presentan la figura de un mono que durante un período de millones de años se transforma en un hombre moderno. Ocasionalmente los periódicos imprimen títulos que dicen: "¡Se ha descubierto al hombre-mono!" ¿Por qué da la impresión de que muchos científicos están tan ansiosos por creer en los descubrimientos del hombre-mono? Porque están motivados por la idea de demostrarle al mundo en forma concluyente que existe una conexión genética entre el reino animal y los seres humanos. Según los evolucionistas, un descubrimiento de esta clase sería la prueba determinante que ganaría la guerra contra los creacionistas.

¿Cómo explica un creyente estos descubrimientos que parecen tan auténticos? Aunque tengan el aspecto de evidencia sólida, generalmente no son más que casos de identidad malinterpretada o pura fantasía. Observemos algunos de estos "descubrimientos del hombre-mono" y sus falencias.

- *El Hombre de Piltdown.* Se dijo que este descubrimiento de Charles Dawson en 1912 daba evidencia de un hombre-mono de medio millón de años de antigüedad. No obstante, en 1953 se descubrió que el Hombre de Piltdown era un engaño. Cuando se examinó la evidencia con más detalle, los científicos descubrieron que se había alterado para que diera el aspecto de tener más años cuando, en realidad, la mandíbula era de un orangután.
- *El Hombre de Nebraska.* En 1922 se halló un diente en una granja de Nebraska. Inicialmente se dijo que era un diente de un hombre-mono

de un millón de años. Más tarde, el geólogo Harold Cook encontró otro diente, similar al primero y unido a una calavera, el cual se descubrió que pertenecía a una especie rara de cerdos.

- *El Hombre de Pekín.* La evidencia del Hombre de Pekín desapareció desde 1941. Existen graves problemas para creer que el Hombre de Pekín haya sido un hombre-mono porque murió como consecuencia de un golpe efectuado con un objeto cortante, lo cual es una causa de muerte sumamente improbable para un prehumano.

- *El Hombre de Java.* Este presunto eslabón perdido fue descubierto por una expedición de Eugene Dubois realizada en 1891 a lo largo del río Solo en Java (actualmente Indonesia). La evidencia fósil del Hombre de Java les indicó a algunos científicos que éste había vivido hace 500.000 años. Sin embargo, una observación más detallada del proceso de la fecha inicial y de los huesos del cráneo y del fémur sugieren que pertenece o a un ser humano o a un mono pero no a ambos.

- *Lucy.* En 1974, mientras se hallaba en Etiopía, Donald Johanson descubrió los restos de un animal que supuestamente vivió hace más de 3 millones de años. Aún se discute si Lucy es un ser humano pequeño o un chimpancé.

- *Ramapitecus.* En 1932 se encontraron varios dientes y mandíbulas en la India. Se pensó que pertenecían a un hombre-mono primitivo que databa de hace unos 14 millones de años. No obstante, los antropólogos han descubierto desde ese entonces que pertenecen a un mono.

- *El Hombre de Neandertal.* Se pensó que el Hombre de Neandertal eran restos de un hombre-mono primitivo. Sin embargo, estudios recientes han proporcionado evidencia convincente de que era un hombre encorvado que padecía una deficiencia de vitamina D.[17]

¿Es la creación una ciencia?

Según los evolucionistas, la creación –la creencia de que Dios creó el mundo de manera sobrenatural fuera de cualquier proceso evolutivo– no se debe enseñar como "ciencia". Se nos dice que la creación es una cuestión de *fe* y que la evolución es una *realidad* científica; y que la creación se debe enseñar en la iglesia pero nunca en la clase de ciencias. Los críticos dicen que la idea de un "Creador" es religiosa y no científica y que, por lo tanto, debe excluirse de la enseñanza en las escuelas públicas. Sin embargo, para los creyentes este concepto no podría estar más alejado de la verdad. La forma en que los evolucionistas entienden el tema de la creación está mal orientada y es errónea por muchas razones.

En primer lugar, la creación es científica. Los evolucionistas no alcanzan a observar la diferencia entre "ciencia operativa" y "ciencia de los orígenes". La forma en que *se originan* las cosas puede ser totalmente diferente de la manera en que *operan.* Tanto la macroevolución como la creación son teorías acerca del origen y el desarrollo de la vida que se clasifican bajo el nombre de ciencia *de los orígenes,* el estudio de acontecimientos pasados que tuvieron lugar una sola vez. La ciencia *operativa,* por el contrario, observa las tareas y las operaciones *presentes* que suceden una y otra vez en nuestro universo. Ni la evolución ni la creación se pueden estudiar directamente utilizando la ciencia operativa porque ninguna de ellas está ocurriendo en nuestros días.

Para expresarlo de manera más simple, la ciencia de los orígenes procura entender lo que sucedió en el pasado, mientras que la ciencia operativa intenta entender las funciones observables de las cosas en el presente. La ciencia de los orígenes trata las *particularidades* pasadas y la ciencia operativa observa las *regularidades* actuales. La ciencia de los orígenes observa cómo *comenzaron* las cosas y la ciencia operativa se concentra en la forma en que *operan* hoy en día.

Los científicos de los orígenes llevan a cabo su investigación uniendo pistas que se dejaron atrás. En contraste, los científicos de la operatividad realizan observaciones directas y pruebas repetidas. La ciencia de los orígenes se ocupa de la evolución y la creación al observar y reconstruir la evidencia que queda (porque la creación y la evolución no se pueden repetir actualmente en el laboratorio). Esto ocurre cuando los científicos descubren restos óseos, de animales o de plantas (fósiles). Estos restos les pueden decir a los científicos qué fue lo que sucedió al principio cuando surgió la primera vida. Esta manera de estudiar las teorías de los orígenes se asemeja mucho a la forma en que procede la policía científica (expertos forenses) al reunir evidencias después de un homicidio. Como la policía no observó el crimen en sí, estos expertos deben recoger pistas para armar lo que probablemente haya sucedido. El estudio de la evolución y el estudio de la creación se enfocan de la misma manera. El hecho de que la creación no se estudie utilizando la *ciencia operativa* no significa que no se pueda estudiar aplicando los métodos de la *ciencia del origen* o *ciencia forense.* El gráfico siguiente te ayudará a aclarar las diferencias entre la ciencias de los orígenes y la ciencia operativa.[18]

Ciencia de los orígenes	Ciencia operativa
Estudia el pasado	Estudia el presente
Estudia acontecimientos particulares	Estudia acontecimientos *comunes*
Estudia acontecimientos irrepetibles	Estudia acontecimientos repetidos
Trata acerca de cómo comenzaron las cosas	Trata acerca de cómo funcionan continuamente las cosas
Creación/ evolución	Astronomía
Descubre *qué* sucedió en el *pasado*	Descubre *cómo* sucede algo en el *presente*

Los evolucionistas a menudo cometen el error de confundir el papel y las limitaciones de las dos ciencias. Hacer esto equivaldría a medir la temperatura del aire con un instrumento para determinar la velocidad del viento; es un error de categorización.

En segundo lugar, el simple hecho de que la creación se encuentre en un libro religioso (la Biblia) no significa que no sea científica. Hay otros objetos de estudio de la ciencia bien conocidos que se hallan en la Biblia. Por ejemplo, los geólogos estudian las rocas, los arqueólogos cavan en busca de utensilios, los paleontólogos examinan los restos de cosas vivas y los biólogos investigan los orígenes y la operatividad de las criaturas vivientes. ¿Significa esto que la geología, la arqueología, la paleontología y la biología no son científicas? ¡Desde luego que no! Si los evolucionistas rechazan la creación como ciencia porque se halla en una fuente religiosa, también deberíamos rechazar las otras ciencias importantes.

Tercero, es obviamente incorrecto rechazar algo simplemente por su fuente de origen. En lógica, el hecho de rechazar algo por causa de su fuente se denomina "falacia genética". Esta falacia se observa en la declaración que hizo Natanael con respecto a Jesús cuando preguntó: "¿De Nazaret puede salir algo bueno?" (Juan 1:46). ¡La fuente no determina la verdad!

Si la misma gente que rechaza la evidencia por causa de su fuente aplicara las mismas restricciones en forma consistente, entonces tendrían que restringir las enseñanzas y la influencia del filósofo popular llamado Sócrates. Esto se debe a que su llamado a dedicarse a la filosofía se lo efectuó una profetiza griega, una fuente *religiosa*. Más aún, la mayoría de las instituciones gubernamentales deberían prohibir el uso de retroproyectores porque la idea de un motor de corriente alterna se le presentó a Nikolai Tesla en una visión que tuvo mientras leía a un poeta panteísta.[19] La sociedad se paralizaría si esta lógica se aplicara consistentemente en todos los casos.

Cuarto, si las verdades que respaldan la creación no se enseñan porque están asociadas a la religión, los hechos que sustentan la evolución también deberían excluirse porque favorecen la posición religiosa del humanismo secular. Sí, ¡el ateísmo es una posición religiosa! Existen varias religiones ateas, tales como el taoísmo, algunas formas de budismo y el humanismo secular. Por ejemplo, John Dewey, padre de la educación moderna, era un "humanista religioso". Dewey, junto con otras personas, creían tan intensamente en el humanismo religioso que en 1933 acordaron formular su propia declaración doctrinal denominada *Manifiesto Humanista*. Su propuesta más obvia es que consideran que el humanismo es una *religión* aun cuando *niegan* la existencia de Dios. En la declaración ponen en evidencia sus creencias.

Una necesidad prioritaria del presente es establecer una religión de esta clase. Es una responsabilidad que pesa sobre esta generación. Nosotros, por tanto, afirmamos lo siguiente:

Primero: Los humanistas religiosos consideran que el universo existe por sí mismo y que no fue creado.

Segundo: El humanismo cree que el hombre es una parte de la naturaleza y que ha surgido como resultado de un proceso continuo.

Tercero: Defendiendo una opinión orgánica de la vida, los humanistas consideran que se debe rechazar el dualismo tradicional de mente y cuerpo…

Sexto: Estamos convencidos de que el tiempo ha pasado para el teísmo, el deísmo, el modernismo y las numerosas variedades de "nuevo pensamiento".[20]

Cuarenta años más tarde (1973), los humanistas bosquejaron un segundo manifiesto que dejaba aun más en claro su incredulidad en cuanto a la existencia de Dios y su respaldo a la teoría de la evolución. Dice: "Tal como en 1933, los humanistas todavía creemos que el teísmo tradicional, en especial la fe en un Dios que escucha las oraciones… es una fe que no se ha demostrado y que ha pasado de moda… La ciencia afirma que la especie humana es resultado de fuerzas naturales evolutivas".[21]

Como ya hemos mencionado, la postura de la evolución concuerda perfectamente con la religión humanista secular, que niega la existencia de Dios. Si los evolucionistas son consistentes con su opinión de restringir la enseñanza de la creación debido a su relación con el cristianismo y la Biblia, también deberían restringir su propia enseñanza, ya que la evolución es una de las creencias principales de la religión humanista secular.[22]

En quinto lugar, los hechos que respaldan la creación se pueden estudiar sin ser "religioso". La creación se puede examinar en un entorno público sin adorar a Dios ni creer que la Biblia es verdad. Podemos encarar los hechos de la creación desde un punto de vista *imparcial, objetivo y académico* tal como los geólogos estudian las rocas sin ser religiosos. Aunque para algunas personas las rocas son objetos religiosos de adoración, esto no convierte en "religiosos" a los profesores de geología. La decisión de adorar al Creador o a una roca con ese propósito depende totalmente del individuo.

Más aún, todas las escuelas tienen reglas que prohíben la violación, el robo, e incluso el engaño. Aunque estas reglas de conducta son totalmente compatibles con la Biblia, sería incorrecto decir que la escuela es "religiosa" y que, en consecuencia, debe eliminar estas reglas morales.

Si lleváramos hasta un extremo la manera de pensar evolucionista, tendríamos que denominar "líderes religiosos" a las autoridades gubernamentales porque a menudo dictan leyes que son compatibles con las creencias religiosas. Gran parte de los diez mandamientos que se encuentran en Éxodo 20 se han adoptado como ley en los Estados Unidos. Por ejemplo, la ley prohíbe el asesinato, el falso testimonio bajo juramento y el robo. El sólo hecho de que una cosa sea compatible con una religión no la hace religiosa.

Si el tema de la creación se tiene que excluir del salón de clases simplemente por su asociación con el cristianismo, entonces debería suceder lo mismo con el resto de las ciencias por estar asociadas con la religión. Después de todo, la ciencia examina objetos que se adoran o se utilizan en rituales religiosos, tal como el caso de las rocas, los árboles, los animales, las estrellas, los huesos, el sol y las fuerzas de la naturaleza.[23]

En sexto lugar, muchos pasan por alto el hecho de que los científicos europeos de la antigüedad que creían en una creación sobrenatural del universo ejercieron una poderosa influencia sobre la ciencia natural moderna. Ellos ciertamente tenían deseos de estudiar la naturaleza como creación de Dios en razón de lo que pudieran llegar a aprender acerca de Él y del orden que estableció en el mundo. Entre aquellos que colocaron los principios fundamentales y con los cuales la ciencia moderna se halla en deuda se encuentran[24]:

- Johannes Kepler (1571-1630): mecánica celeste, astronomía física
- Blas Pascal (1623-1662): hidrostática
- Robert Boyle (1627-1691): química y dinámica de los gases
- Nicolaus Steno (1638-1687): estratigrafía
- Isaac Newton (1642-1727): cálculo y dinámica
- Michael Faraday (1791-1867): teoría magnética
- Louis Agassiz (1807-1873): geología glaciar e ictiología
- James Young Simpson (1811-1870): ginecología

- Gregor Mendel (1822-1884): genética
- Luis Pasteur (1822-1895): bacteriología
- William Thomson (Lord Kelvin) (1824-1907): energética y termodinámica
- Joseph Lister (1827-1912): cirugía antiséptica
- James Clerk Maxwell (1831-1879): electrodinámica y termodinámica estadística
- William Ramsay (1852-1916): química isotópica

¿Por qué muchos científicos aceptan la evolución como un hecho?

Si la evolución no es verdad, ¿por qué muchos maestros y alumnos creen que es un hecho? Muchos libros de texto y artículos de revistas presentan la evolución como un campeón indiscutido de los orígenes y el desarrollo de la vida. Muestran innumerable cantidad de fotografías de los últimos descubrimientos óseos "novedosos" y declaran enfáticamente que nuestros grandes ancestros eran criaturas con aspecto de mono. Algunos profesores que respaldan enérgicamente la evolución hacen que aquellos que dudan o cuestionan la credibilidad de esta se sientan como marginados ignorantes. Hay, por lo menos, tres razones por las cuales muchos académicos seculares la aceptan como un hecho.

1. Algunos científicos sobreestiman la evidencia de la evolución. En su fervor evolucionista por descubrir pistas que demuestren la credibilidad de la evolución, tienden a pasar por alto los problemas de la evidencia en sí. Los descubrimientos del hombre-mono que se discutieron anteriormente sirven como evidencia más que suficiente del entusiasmo inicial que sólo unos meses más tarde se evapora después de que se descubre la verdad. Lamentablemente, cuando el público llega a conocer la verdad acerca de la nueva evidencia descubierta –si es que realmente escucha acerca del tema– los medios de comunicación ya han publicado los hallazgos como un hecho.

2. Algunos maestros presentan la evolución como un hecho y los alumnos la aceptan ciegamente. La mayoría de los estudiantes pasan por la escuela sin cuestionar jamás las evidencias. La historia de la verdad generalmente es unilateral y raras veces apela a alguna presentación significativa de la creación. En consecuencia, esta opinión desigual se acarrea luego durante toda la vida sin jamás haberla investigado lo suficiente ni haberla examinado con actitud crítica. Como resultado de ello, cuando surge una conversación acerca de la evolución o la creación, al alumno le resulta más fácil volcarse hacia la posición con la cual está más familiarizado: la evolución.

3. Algunas personas creen que la evolución es un hecho porque la han absorbido por "ósmosis". Los espectáculos de televisión y radio incorporan en sus guiones diferentes componentes de la evolución. Esto se logra en muchos casos de la manera más sutil. Estos componentes evolutivos se tornan más familiares y se aceptan con más rapidez después de mirar televisión o escuchar radio durante varios años. ¿Por qué? Porque los guiones presentan la evolución como una realidad indiscutible que toda persona "razonable" debe creer. ¡El hecho de cuestionar la evolución sería igual a dudar de tu propia existencia! Antes de darte cuenta, estás bien adoctrinado en cuanto a la filosofía evolutiva sin haberte inscrito en una sola clase de nivel terciario.

Conclusión

Casi no se puede dudar del impacto que la teoría de la evolución produce en el mundo. Ha sido ampliamente aceptada en los niveles terciario y universitario seculares. No obstante, sabemos que la verdad se establece como evidencia aunque no tenga el voto de la mayoría. La evidencia de la creación sobrepasa en gran medida las escasas muestras de la evolución. Afortunadamente, los científicos de la actualidad tienen acceso a mayor cantidad de información y tecnología de la que Charles Darwin soñó jamás. Irónicamente, el científico Robert Jastrow evalúa de manera precisa la actividad de la ciencia: "Para el científico que ha vivido por su fe en el poder de la razón, la historia termina como una pesadilla. Ha escalado los montes de la ignorancia, está a punto de alcanzar la cima más elevada y, en el momento en que se extiende para asirse de la última roca, le da la bienvenida una banda de teólogos que ha estado sentada allí durante siglos".[25]

Repaso

1. Nombra los dos componentes básicos que definen la teoría de la evolución._____

_____

_____

_____

2. Describe la diferencia entre "evolución química" y "evolución biológica"._____

_____

_____

_____

3. Describe la diferencia entre "microevolución" y "macroevolución".

_____

_____

_____

_____

4. Enumera, por lo menos, tres problemas que presenta la teoría de la macroevolución.

(1)_____

_____

(2)_____

_____

(3)_____

5. ¿Cómo respalda a la creación el registro fósil?

_____

_____

_____

_____

_____

6. ¿Por qué no podría una célula viviente simple haberse originado por medio de un proceso evolutivo lento?_____

_____

_____

_____

_____

_____

_____

_____

7. ¿En qué consiste la "selección natural"?_____

_____

_____

_____

_____

_____

_____

CAPÍTULO 6
¿Qué sucede con otros puntos de vista del mundo?

Situación

Yanina y Sara se encuentran en la cafetería de la escuela para almorzar.

Yanina: Por lo menos esta vez no nos chocamos. Si lo hubiéramos hecho, podríamos haber comenzado una guerra de comida. ¿Sabes? Después de la clase de biología se me descompuso un poco el estómago cuando vi el pescado y las papas fritas. ¡Me dio la sensación de que me iba a comer a un pariente lejano o algo así!

Sara: ¡Eehhh! Ahora me haces pensar en esta hamburguesa. ¡Sólo tendríamos que evolucionar para convertirnos en vegetales!

Yanina: ¿Ves? ¡La creación por lo menos hace que la comida tenga mejor aspecto y sabor!

Sara: Bueno, si estoy de acuerdo contigo en cuanto a la creación, ¿me garantizas que obtendré la mejor nota posible en el examen sobre la evolución?

Yanina: No, pero si colocas tu confianza en Jesús, te puedo prometer que vas a recibir la mejor nota final en la eternidad.

Sara: Ya sabía que se venía eso. No es que te menosprecie ni que te rebaje. Tu religión te viene bien a ti pero para mí no funciona. Hay demasiada cantidad de religiones y de hombres santos como Jesús que uno puede elegir. Así que, ¿qué te parece? Cada cual con su cada cual. ¿Está bien?

Yanina: Sí, hay muchísimas religiones pero no todas son ciertas, en especial porque tienen creencias tan diferentes.

Sara: ¿Cómo sabes cuál es verdad?

Yanina: Bueno…

Preguntas

- ¿Cómo debe responder Yanina?
- ¿Son esencialmente iguales todas las ideas acerca de las religiones?
- ¿En qué se diferencia el punto de vista cristiano del mundo?

Propósito

Familiarizarse con el papel vital que cumplen los puntos de vista del mundo en la forma en que la gente entiende la realidad.

Objetivo

Entender la manera de defender el cristianismo frente a los puntos de vista del mundo que lo desafían.

En este capítulo aprenderás...

- que un punto de vista del mundo es el *marco interpretativo* o *lente* a través del cual entendemos nuestro mundo,
- que los siete puntos de vista alternativos del mundo están en conflicto directo con el punto de vista cristiano del mundo (teísmo),
- que un buen punto de vista del mundo es lógico, consistente, práctico y detallado,
- que el punto de vista cristiano del mundo explica mejor las condiciones en las cuales existe nuestro planeta.

¿Qué es un punto de vista del mundo?

Ahora que sabemos que Dios creó el universo, definamos y evaluemos otras perspectivas acerca de Él. A estas perspectivas se las denomina "puntos de vista del mundo". Los puntos de vista del mundo son simplemente la forma en que vemos el mundo en que vivimos. En otras palabras, los puntos de vista del mundo son las gafas, las lentes, la referencia o el marco a través del cual interpretamos o entendemos lo que vemos, oímos y experimentamos. Por ejemplo, si usamos gafas para el sol que tienen vidrios amarillos, veremos de este mismo color todo lo que sucede en el mundo.

En la actualidad viven en nuestro planeta alrededor de seis mil millones de personas y todas utilizan su propio par de gafas (puntos de vista del mundo) para darles sentido a Dios, el mundo, los valores, la verdad y los eventos de la historia. Esta es la razón por la cual la gente llega a conclusiones diferentes con respecto a Dios aun cuando observa la misma serie de hechos. Quizá estén de acuerdo en cuanto a los hechos en sí pero arriban a diversas conclusiones en relación a lo que ellos significan.

¿Te das cuenta? Los hechos no provienen de las instrucciones que da un manual en cuanto a la manera de interpretarlos. Nuestra interpretación es producto del modo en que observamos los hechos a través de nuestros puntos de vista del mundo. Por ejemplo, los ateos que observan los hechos que rodean la resurrección de Jesús tendrán conclusiones diferentes a las de los cristianos. Los ateos tal vez interpreten los hechos y lleguen a la conclusión de que la resurrección es un fenómeno inexplicable que no tuvo explicación ni fundamento científico. La noción de que Dios no existe, la cual elimina todas las acciones de Dios como explicaciones posibles, influye en gran medida la conclusión atea. Quizá ofrezcan aun una explicación que haga alusión a medios puramente naturales.

Por el contrario, los cristianos interpretan el hecho de la resurrección de manera bastante diferente; es decir, como un milagro de Dios. Para decirlo de manera sencilla, los milagros son imposibles para el punto de vista del mundo de los ateos pero posibles para el punto de vista del mundo de los creyentes. La importancia que tienen los puntos de vista del mundo es que señalan un mundo de diferencia en cuanto a la manera de interpretar los hechos.

¿En qué creen otros puntos de vista del mundo?

Existen siete puntos de vista del mundo más importantes, y seis de ellos se encuentran en pleno conflicto con el cristianismo. Cada una de las opiniones posee sus propias características particulares a las cuales se adhieren los diferentes movimientos y religiones.

Teísmo

Este punto de vista del mundo cree que Dios existe como Creador infinito y personal del mundo más allá y dentro del universo. Los cristianos han adoptado este punto de vista. Es importante recordar que el teísmo se diferencia del ateísmo en que el primero sostiene que Dios puede actuar de manera sobrenatural en el mundo natural. Tres religiones importantes representan el teísmo: el judaísmo, el islam y el cristianismo.

Deísmo

Las personas que aceptan el deísmo creen que Dios existe como el Creador infinito y personal del mundo más allá del universo pero que no está activo dentro del mundo. El deísmo es igual al teísmo pero sin milagros. Dios creó el universo pero permanece alejado de él. No participa de manera directa. Esta opinión cree que Dios simplemente le dio cuerda al universo como si fuera un reloj y deja que funcione por sí solo.

Teísmo limitado

Este punto de vista del mundo declara que existe un Dios limitado dentro y más allá del universo pero que su poder es limitado. El teísmo limitado cree en un Dios que puede crear el mundo pero que no tiene poder para sustentarlo o para asegurar la victoria sobre el mal. Esta perspectiva retrata a un Creador luchador comprometido en una batalla constante con su creación a fin de vencer la rebelión moral. Aunque actualmente no hay ninguna religión que adopte esta opinión, ocasionalmente hallamos a algunos creyentes cuya opinión de Dios no va más allá de la de un dios limitado.

Ateísmo

El ateísmo es la creencia de que Dios no existe en ninguna parte del universo: ni dentro ni más allá de este. Este punto de vista del mundo niega totalmente la existencia de Dios. A diferencia del teísmo, el cual afirma la existencia de Dios independientemente de los seres humanos, el ateísmo rechaza completamente la idea y cree que el hombre inventó la realidad de Dios. Dentro de un mundo ateo, el mal es real; no obstante, no existe ningún diablo ni patrón moral final por medio del cual se viva. La moralidad depende de la situación o es completamente relativa. El ateísmo ve el universo como "todo lo que hay" –no hay nada más allá– y los ateos creen que el universo surgió simplemente por casualidad, sin absolutamente ninguna causa inteligente.

Panteísmo

Dios *es* el universo para las personas que aceptan el panteísmo. Este punto de vista del mundo afirma que Dios es idéntico al universo; no hay distinción entre el Creador y lo creado. Los panteístas creen que Dios es todo y que todo es Dios, incluyendo a las personas. Debido a que los panteístas creen que la gente se ha olvidado de su celo por la naturaleza divina o que la ignora, se la insta a "recordar" o "darse cuenta" de ella por medio de la meditación, en muchas ocasiones con el objetivo de alcanzar la meta de la "iluminación". Según muchos panteístas, el pensamiento lógico puede hacer que uno crea falsamente que existen distinciones en lugar de creer que todo es una sola realidad divina. Al panteísmo, con su énfasis en la presencia (inmanencia) de una realidad final, se lo reconoce como el polo opuesto del deísmo, el cual enfatiza la distancia (trascendencia) de Dios. Ciertas formas de budismo, hinduismo, Ciencia Cristiana y movimiento de la Nueva Era han adoptado el panteísmo.

Panenteísmo

Este punto de vista del mundo afirma que Dios está *en* el universo. Aunque suena muy parecido al panteísmo, existen muchas diferencias. En contraposición al panteísmo, que afirma que cree que Dios *es* todo, los panenteístas sostienen que Dios está *en* todo. Creen que Dios está en el mundo de manera muy similar a la forma en que un alma está en el cuerpo y una mente en el cerebro. En otras palabras, Dios tiene dos aspectos de existencia: finito e infinito. El mundo finito es el cuerpo de Dios y el lado infinito es el aspecto inmaterial que se encuentra más allá del mundo. Como el mundo cambia, Dios también lo hace.

Politeísmo

El politeísmo declara que existen muchos dioses finitos más allá y dentro del universo. Este punto de vista del mundo es el único compatible con el panteísmo. Por ejemplo, el hinduismo cree en un Ser infinito e impersonal (Brahman) que se manifiesta en formas personales conocidas a través del nombre de dioses individuales. En el mundo antiguo, los romanos, los egipcios y los griegos creían en el politeísmo. En tiempos modernos, los mormones, los hindúes y los brujos también aprecian el politeísmo. A diferencia del Dios distante e indiferente de los deístas, los dioses en los cuales creen los politeístas se encuentran activos en el mundo produciendo sanidad o daño. El politeísmo adopta muchas formas. Se dice que algunos dioses nacieron como resultado de las fuerzas de la naturaleza (el sol, el viento, el mar, etc.) y que otros poseen características de virtud (amor, verdad, luz, compasión, etc.). Se cree que cada dios tiene su propia esfera de influencia. En el caso del hinduismo, hay millones de dioses que son responsables de ciertos acontecimientos tales como la guerra, la creación y la preservación.

¿Qué punto de vista del mundo es correcto?

Nosotros, como creyentes, debemos esforzarnos para ayudar a otras personas a descubrir el punto de vista correcto del mundo. En el capítulo 4 mostramos las razones por las cuales los creyentes creen en el teísmo, así que ahora concentrémonos en evaluar las fortalezas y las debilidades de cada opinión. Al evaluarlas debemos recordar que un buen punto de vista del mundo debe poseer varios componentes:

1. Debe ser *lógico* y *consistente* con los hechos que ya se sabe que son verdaderos. Si un punto de vista del mundo es contradictorio o incoherente, entonces hay que evitarlo (1 Tim. 6:20). Después de todo, ¿quién desea vivir en base a algo irracional o que está en conflicto con sí mismo? Esto también significa que no puede tener ninguna premisa autodestructiva como "sabemos que no podemos saber nada".

2. Si un punto de vista del mundo es verdadero, debe ser *práctico* y *factible de ser vivido*. Un punto de vista del mundo que no ofrece aplicación ni un marco interpretativo a través del cual podamos entender la realidad con una base diaria es inútil. Nosotros esperamos que un punto de vista del mundo veraz sea funcional; sin embargo, no debemos pensar que todos los puntos de vista del mundo factibles de experimentar son verdad. Los ateos tal vez digan que tienen una visión de la vida y de la realidad productiva digna de ser vivida pero esto no hace que su punto de vista del mundo sea correcto. La prueba de la practicidad y de la factibilidad de vivencia por sí solas no nos pueden decir qué punto de vista del mundo es verdadero pero sí nos pueden dar una buena idea de cuál de ellos es falso.

3. Un buen punto de vista del mundo debe ser *plenamente abarcador* y *global*. No ignora las cuestiones difíciles de la vida tales como la naturaleza de Dios, el mal, la moralidad y el mundo en el cual vivimos. Los creyentes creen que el teísmo es el único punto de vista del mundo que puede explicarlo de mejor manera tal cual existe hoy en día mientras que, al mismo tiempo, continúa siendo consistente con las verdades tanto de la ciencia como de la Biblia.

Al utilizar las tres características anteriores a manera de juez, la siguiente evaluación explicará por qué razón los cristianos rechazan todos los otros puntos de vista del mundo y aceptan el teísmo como la mejor opción.

Teísmo

La gente moderna ha criticado durante varios siglos al teísmo por considerarlo fuera de moda. También se lo ha catalogado como un subproducto de la ilusión de la humanidad. No obstante, hay cuatro razones sólidas que respaldan la declaración de que el teísmo es la verdad.

En primer lugar, el teísmo ofrece una "causa primera" para el origen del universo que es consistente con el principio científico de la causalidad: "Todo lo que tiene un principio necesita una causa".

Segundo, el teísmo posee un fundamento inmutable y absoluto por medio del cual podemos tomar decisiones morales. Como este valor estándar existe por encima, más allá y dentro del mundo, puede servir como juez y jurado finales para los conflictos entre los individuos, las culturas y los sistemas morales del mundo.

Tercero, el teísmo les ofrece sentido y esperanza a millones de personas en el mundo entero. Su concepto de recompensas y castigos es un factor motivador que insta a vivir con una buena moral. Las acciones personales dentro del punto de vista teísta del mundo no sólo cuentan para el tiempo sino también para la eternidad. Aquellos que han experimentado sufrimiento han hallado esperanza y consuelo dentro del punto de vista teísta del mundo a causa del énfasis que posee en la vida después de la muerte (Apoc. 21:4).

Cuarto, el Dios del teísmo es perfecto en todo sentido; por lo tanto, es digno de nuestra máxima adoración. A diferencia de los puntos de vista del mundo que tienen un dios menos que perfecto, el teísmo sostiene que la máxima adoración sólo se le debe ofrecer a un ser supremo. Con demasiada frecuencia observamos que los que se adhieren a los otros puntos de vista del mundo le ofrecen máxima devoción a alguien que está por debajo de lo supremo.

Deísmo

Hace mucho tiempo que el deísmo ha sido dejado de lado como un punto de vista válido del mundo, aunque algunas iglesias liberales han conservado sus creencias deístas. El deísmo ha proporcionado algunas contribuciones positivas a la variedad de puntos de vista del mundo, pero presenta tres debilidades que se centran en los milagros y en la relación de Dios con la gente.

1. La creencia deísta acerca de que Dios creó el mundo en forma milagrosa es inconsistente con su incredulidad en cuanto a los milagros. Si Dios llevó a cabo el mayor milagro de todos (la creación), ¿por qué no puede realizar milagros de menor magnitud como la resurrección de los muertos?

2. Los deístas parecen ignorar la evidencia que respalda los milagros de la Biblia. El abundante testimonio de testigos visuales de los

Punto de vista del mundo	Teísmo	Deísmo	Teísmo finito	Ateísmo	Panteísmo	Panenteísmo	Politeísmo
Opinión sobre Dios	Un Dios infinito	Un Dios infinito	Un Dios finito	No hay Dios	Un Dios infinito	Un Dios con polos finito e infinito	Muchos dioses finitos
Religión o filosofía	Cristianismo Judaísmo Islam	Algunas formas de liberalismo	Platón John S. Mill Rabino Kushner	Humanismo secular/Marxismo Budismo*	Hinduismo Budismo* Nueva Era	Ninguna/ A. N. Whitehead	Mormones Brujería Ant. griegos
Relación de Dios con el mundo	Más allá y en el mundo	Más allá del mundo	Más allá del mundo y luchando en él	Sólo existe el mundo	Dios *es* el mundo	Dios está *en* el mundo	Muchos dioses activos en el mundo
Personalidad de Dios	Personal	Personal	Personal	Ninguna	Impersonal*	Personal	Personal
Milagros	Sí	No	No	No	No	No	Sí
Naturaleza de la verdad y los valores	Absoluta	Absoluta	Relativa	Relativa	Relativa	Relativa	Relativa
Vida después de la muerte	Resurrección del alma/ cuerpo	Recompensas o castigo del alma	Recompensas o castigo del alma	Deja de existir	Reencarnación	Recordado por Dios	Los dioses recompensan o castigan
Jesús	Único Dios/ hombre	Sólo hombre	Sólo hombre	Sólo hombre	Gurú o manifestación de Dios	Sólo hombre	Uno de muchos dioses
Problema del hombre	Pecado/ rebelión contra Dios	Pecado/ rebelión contra Dios	Ignorante/ Imperfecto	Falta de educación	Ignorancia del yo divino	Ilusión/ Ignorancia	El hombre no llega a aplacar a los dioses

*A menudo o algunos

acontecimientos milagrosos que se registran en las Escrituras nos da una buena razón para llegar a la conclusión de que son reales. Si los deístas rechazan estos testimonios, entonces deben rechazar también el sistema judicial en su totalidad, el cual se basa en testigos visuales como medios principales para el establecimiento de la veracidad de un hecho.

3. La creencia de que Dios está distante del universo e inactivo ha llevado a muchos a creer que Dios es indiferente e impersonal. Un Dios que no está activo en el mundo no tiene posibilidad de identificarse ni de interesarse en las apremiantes necesidades que padece su creación. Es razonable asumir que, si Dios creó el mundo en forma milagrosa para el bien de sus criaturas, entonces de tanto en tanto debería actuar milagrosamente en sus vidas para beneficio de ellas. ¿Por qué abandonaría Dios a sus criaturas si las puede ayudar? O bien, si Dios ha decidido condenar a su creación por causa de los pecados de la humanidad, ¿por qué no la ha destruido? Si Dios no va a ayudar a sus criaturas o si no puede hacerlo, entonces debemos cuestionar el hecho de que sea todopoderoso y del todo amoroso.

Teísmo finito

El teísmo finito ha señalado de manera acertada que el Dios cristiano está limitado por su propia naturaleza. Esto significa que hay cosas que Dios no puede hacer. Por ejemplo, Dios no puede mentir (Heb. 6:18), ni tolerar el mal (Hab. 1:13), tampoco negarse a sí mismo (2 Tim. 2:13) ni aceptar las contradicciones (1 Tim. 6:20). No obstante, un dios finito es inadecuado por varias razones.

Primero, un Dios finito necesita una causa para su existencia. Recuerda que los seres finitos tienen un principio. La ley de la causalidad declara: "Todo lo que tiene un principio necesita una causa". Si un dios necesita una causa, no es Dios realmente. Solamente un Dios infinito sin un principio no necesita causas.

Segundo, un Dios finito no es digno de adoración y devoción máximas. Adorar a un ser finito es cometer idolatría. Es darle máxima dignidad a algo que no es lo máximo.

Tercero, muchos teístas finitos no creen en un Dios infinito y todopoderoso porque el mal aún continúa en nuestro mundo sin que exista aparentemente ninguna solución. Sin embargo, esta creencia se puede vencer rápidamente al señalar que el hecho de que no se destruya el mal *en este momento* no significa que no vaya a ser destruido en el *futuro*.

Ateísmo

El ateísmo ha sido una saludable influencia correctiva para los teístas que desean perfeccionar sus capacidades. Muchas de las razones que utilizan los ateos para defender su opinión del mundo han forzado a los creyentes para que pulan y corrijan sus argumentos a fin de hacerlos más poderosos. A diferencia del panteísmo, el ateísmo ha reconocido la realidad del mal y la injusticia en el mundo. No obstante, es necesario analizar tres fallas fatales que posee el ateísmo.

1. Los ateos no tienen una causa primera del universo. En el pasado, muchos ateos creían que el universo era eterno. Esta creencia se ha abandonado en gran medida desde que la ciencia descubrió que el universo tuvo un principio (o sea, la teoría del big bang). Dentro del ateísmo no existe ninguna causa primera. Muchos ateos dicen que la causa fueron gases, polvo y átomos arremolinados. Sin embargo, tendríamos que preguntar: ¿qué o quién causó los gases, el polvo y los átomos? En otras palabras, la opinión de los ateos no responde la cuestión de los orígenes.

2. Las fuerzas naturales no explican el origen del universo. ¿Por qué? Porque la causa que puso en existencia el universo (la naturaleza) debe estar más allá de lo natural (o sea, es sobrenatural). Si los ateos reconocen que los rostros presidenciales del monte Rushmore necesitaron una causa inteligente, ¿por qué, entonces, no alcanzan a ver que el diseño inteligente que está presente en el universo (las moléculas de ADN y el principio antrópico) implican la existencia de un diseñador?

3. Los ateos no tienen un patrón moral final por medio del cual decir que el mundo es malo o injusto. Los ateos no conocerían el mal o la injusticia a menos que tuvieran un parámetro esencial de lo bueno y lo justo por medio del cual puedan evaluarlos. Por ejemplo, nadie puede decir que una línea está torcida a menos que tenga primero una recta con la cual se la pueda comparar.

Panteísmo

Aunque el panteísmo tiene varios problemas que lo tornan inaceptable para los creyentes, se lo debería reconocer como un punto de vista del mundo que intenta explicar toda la realidad. Los panteístas han señalado correctamente que un Dios *distante* (deísmo) no se puede relacionar con la gente. Sin embargo, hay cuatro características importantes del panteísmo que no cumplen con la prueba de la veracidad.

1. Los panteístas no pueden explicar cómo fue que la gente llegó a olvidarse de su naturaleza divina. ¿Qué sucedió en el pasado lejano que haya sido causa de esta amnesia espiritual universal?

2. El panteísmo es lógicamente inconsistente con sus propias declaraciones acerca de Dios. Por un lado, Dios es inmutable; por el otro, algunos panteístas desean ser iluminados por medio de la meditación, la cual requiere un cambio en el estado consciente. Si las personas son Dios, entonces no pueden cambiar porque lo inmutable no cambia (Mal. 3:6).

3. El panteísmo no puede ser un punto de vista del mundo factible de experimentarse en la vida. Si todo es Dios, ¿qué sucede cuando cortas el césped? ¿Estás cortando a Dios? Los que critican al panteísmo señalan a menudo que, cuando un panteísta está parado en una esquina y ve un automóvil que se acerca, salta rápidamente para evitar que lo atropelle. ¿Dios se está evitando a sí mismo? No habría razón para protegerse porque Él es idéntico al automóvil.

Además, el hecho de creer que todo es uno y que Dios es idéntico al mundo presenta otro problema: no se pueden hacer distinciones. Aún así, el panteísta distingue su punto de vista del mundo del de los otros y camina *alrededor* de los objetos materiales en vez de hacerlo *a través de ellos*. Cuando no se logran efectuar distinciones entre el panteísmo y el teísmo, entre el bien y el mal, entre la verdad y el error, entre el pecado y la justicia, entre el hombre y la mujer y entre Cristo y Satanás, entonces resulta imposible distinguir la verdad del error. Aún así, los panteístas creen que su opinión es cierta y que las opuestas son falsas.

4. Dejar de lado el pensamiento lógico tiene sus problemas. La mayoría de los panteístas asume que la lógica no se aplica a Dios. Sin embargo, se ha señalado que los panteístas en realidad utilizan la lógica para eliminar la lógica. Por ejemplo, la declaración "la lógica no se aplica a Dios" se autodestruye porque se la aplica ella misma. Para resumir, el panteísmo cree que es lógico dejar de lado la lógica para alcanzar la iluminación.

Finalmente, es imposible que un Dios impersonal se preocupe del sufrimiento de la gente y que se relacione con este. Los panteístas pueden tratar de evitar este problema negando que existan realmente el sufrimiento y la gente. Esto es inaceptable por dos razones. Primero, es imposible demostrar la inexistencia de alguien. ¿Por qué? Porque una persona tiene que existir a fin de poder afirmar que no existe. Segundo, decir que el mal no existe es desconsolador para aquellos que lo están experimentando. Si el sufrimiento que padecen es una ilusión, ¿por qué están teniendo esta clase de ilusiones? ¿Por qué les parecen tan reales?

Panenteísmo

El panenteísmo se confunde a menudo con el panteísmo. Sin embargo, existen varias distinciones. A diferencia de la mayoría de las formas de panteísmo, el panenteísmo afirma la existencia de un Dios *personal* que se relaciona con el mundo. Mientras que los panteístas creen que Dios es impersonal e idéntico al mundo, los panenteístas creen que Dios está *en* el mundo así como un alma está en el cuerpo o una mente está en el cerebro. Es decir, Dios tiene dos polos: físico (el mundo) y espiritual; uno infinito y el otro finito.

En oposición al panteísmo, al panenteísmo se le debería otorgar reconocimiento por preservar la individualidad de Dios, del mundo y de la humanidad. No obstante, se observan por lo menos dos problemas cruciales en el panenteísmo.

1. El concepto panenteísta de un Dios infinito-finito es realmente imposible. Muchos han señalado que infinito-finito es una contradicción de términos. Esto se debe a que los seres infinitos no dependen de nada para su existencia, mientras que los seres finitos dependen de otros y, por lo tanto, necesitan una causa para existir. Creer que Dios es infinito y finito al mismo tiempo es como creer que un vaso está lleno de agua y que está vacío al mismo tiempo y en el mismo sentido.

2. Un Dios finito no puede garantizar la victoria final sobre el mal. El Dios del panenteísmo es un Dios luchador que debe ir aprendiendo y creciendo para alcanzar la perfección a medida que la historia se desarrolla. Si Dios aprende del mal que los seres humanos experimentaron en el pasado, entonces nos está utilizando como peones en el tablero de ajedrez de la vida con el objeto de mejorar su propia naturaleza.

Politeísmo

El politeísmo es la creencia de que existen muchos dioses finitos. A pesar de su posición infundada, ha tenido un efecto positivo. ¿De qué manera? El énfasis del politeísmo en cuanto a la existencia de un reino espiritual y la necesidad que tiene la humanidad de descubrir a los dioses ha hecho que muchos incrédulos tomen conciencia de que no estamos solos en el universo. Sin embargo, el politeísmo tiene tres problemas cruciales.

1. Si las fuerzas de la naturaleza dieron a luz a los dioses, ¿por qué no adorar a la naturaleza como una divinidad? A diferencia del teísmo, el politeísmo le atribuye superioridad a la naturaleza como la causante de los dioses. Esto hace que la naturaleza, y no los dioses, sea lo máximo; por lo tanto, la naturaleza se convierte en un sustituto de Dios.

2. La mente humana inventó a los dioses del politeísmo. Con el objeto de entender mejor las características humanas y la forma de obrar de las fuerzas naturales, la gente se volvió supersticiosa y comenzó a aplicarles virtudes (amor, odio, compasión, etc.) y nombres naturales (mar, viento, etc.) a los dioses. Como resultado, rápidamente se pensó que cualquier desastre natural tal como los huracanes, las inundaciones o los terremotos eran un castigo divino. Estas catástrofes impulsaron aun más a la gente a comenzar a aplacar a los dioses satisfaciendo sus requerimientos.

3. La creencia politeísta de que el mundo es eterno es contraria a los hechos científicos. El primer versículo del libro de Génesis declara: "En el principio creó Dios los cielos y la tierra". La ciencia ha respaldado este comienzo al descubrir que el universo se está expandiendo a partir de un punto inicial y por medio de la segunda ley de la termodinámica, la cual dice que el universo se está quedando sin energía. (Ver "Prueba de la causa primera" en el cap. 4 para una explicación del universo en expansión y la segunda ley de la termodinámica.) Si el mundo es eterno, los datos científicos deberían reflejar una evidencia compatible con esta teoría, lo cual no es así.

Conclusión

Dentro del laberinto de los puntos de vista del mundo hemos descubierto que solamente el teísmo ofrece una opinión lógica del mundo, consistente y factible de experimentar en la vida. Todas las otras opiniones tienen problemas cruciales que las descalifican para la forma de pensar de los creyentes. El conocimiento de los diversos puntos de vista del mundo mejorará en gran medida tu apologética y los esfuerzos que realices para evangelizar, al ayudarte a aplicar las Escrituras en forma precisa y a razonar las falencias de otras opiniones.

Repaso

1. ¿Qué es un punto de vista del mundo?_____

_____

_____

_____

_____

_____

2. Enumera y define cada uno de los siete puntos de vista del mundo.

(1)_____

_____

_____

(2)_____

_____

_____

(3)_____

_____

_____

(4)_____

_____

_____

(5)_____

_____

_____

(6)_____

_____

_____

(7)_____

_____

_____

3. Describe la diferencia entre panteísmo y panenteísmo._____

_____

_____

_____

4. ¿De qué manera tu punto de vista del mundo ha influido en la manera en que actúas hacia los demás?_____

_____

_____

_____

5. ¿Cuáles son las tres pruebas que se utilizan para evaluar los puntos de vista del mundo?

(1)_____

_____

(2)_____

_____

(3)_____

_____

6. Escribe, por lo menos, tres razones por las cuales el teísmo es el mejor punto de vista del mundo.

(1)_____

_____

(2)_____

_____

(3)_____

_____

7. ¿Qué religiones se atribuyen el teísmo, el panteísmo y el ateísmo?

_____

_____

_____

_____

_____

_____

_____

CAPÍTULO 7
Si Dios existe, ¿por qué existe el mal?

Situación

Mientras Pedro y Juan buscan sus asientos para la primera clase del día escolar, el director se dirige a todos los alumnos a través de los altoparlantes.

Director: ¡Presten atención, por favor! Hace unos minutos dos aeroplanos chocaron deliberadamente contra las dos torres del World Trade Center en la ciudad de Nueva York. Las noticias locales informaron que probablemente hayan muerto miles de personas. Si alguno de ustedes tiene familiares que hayan podido ser afectados por esta tragedia, diríjase a la dirección lo más pronto posible. Gracias.

Cuando despiden a la clase, Pedro y Juan están desconcertados.

Juan: ¿Puedes creerlo? ¿Cómo puede ser que alguien haga chocar esos aeroplanos contra gente inocente?

Pedro: ¡Es espantoso! Espero que no haya mucha gente herida.

Juan: El director dijo que en las noticias informaron que probablemente hayan muerto miles de personas… Pedro, ¿qué estás haciendo?

Pedro: Estoy orando. Señor, por favor, ayuda a esa gente. Sé que ellos te interesan.

Juan: Si al Señor le interesan esas personas, ¿por qué permitió que sucediera esto? No tiene sentido. ¿Cómo puede ser que Dios sea todo bondad, todo amor y con pleno poder y, aun así, todavía ocurran estas cosas malas? En primer lugar, todo esto no debería suceder nunca, ¿no es así?

Pedro: Buena pregunta. Eehhh…

Preguntas

- ¿Cómo va a explicar Pedro que el Dios absolutamente bueno puede coexistir con el mal?
- Si Dios tiene poder para detener el mal, ¿por qué no lo hace?
- ¿Por qué sufrimos si Dios nos ama?

Propósito

Proveer una respuesta para la presunta contradicción entre el Dios que es todo amor y poderoso y la existencia del dolor, el sufrimiento y el mal.

Objetivo

Darle sentido a la existencia de Dios a la luz de la presencia del mal en el mundo.

En este capítulo aprenderás...

- que el mal se originó como resultado del ejercicio del libre albedrío que Lucifer llevó a cabo en contra de la voluntad de Dios,
- que somos responsables de nuestras decisiones,
- que el mal es real pero que no es una cosa ni un objeto palpable,
- que Dios permite que el mal permanezca en el mundo porque Él tiene un propósito para que así sea.

Una de las objeciones más comunes hacia el cristianismo, y quizá la barrera más importante para impedir la fe en Cristo, es la presencia del mal a la luz de la existencia de Dios. ¿Cómo puede el Dios amante permitir el mal en el mundo? Después de todo, la Biblia dice que todo lo que Dios ha hecho es "bueno" (Gén. 1:31), que nada es inmundo en sí mismo (Rom. 14:14), que toda criatura de Dios es buena (1 Tim. 4:4) y que para los puros todas las cosas son puras (Tito 1:15).

Sin embargo, ¡el mal está aquí presente! Pregúntale simplemente a alguien que haya sido víctima de un crimen violento o que haya padecido dolor y sufrimiento. Ciertamente, el mal es una realidad. En esta sección responderemos varias preguntas a fin de intentar explicar la presencia del mal en vista de la existencia de un Dios totalmente bueno y poderoso.

¿De dónde vino el mal?

En primer lugar debemos observar brevemente el problema a fin de entender plenamente los orígenes del mal. Moisés escribió en Génesis que Dios creó los cielos y la tierra (Gén. 1:1) y que todo lo que creó era "bueno". ¿Cómo, pues, pudo en algún momento surgir el mal de una creación perfectamente buena creada por un Dios perfectamente bueno? Parece imposible. Muchas personas culpan automáticamente a Dios por el mal que hay en el mundo cuando, en realidad, su origen no estuvo directamente en Dios sino que provino de los seres humanos y de los ángeles (Satanás; Isa. 14:12; 1 Tim. 3:6; Jud. 6-7).

Pero, ¿cómo pudieron traer el mal al mundo personas perfectamente buenas como Adán y Eva, quienes originariamente no tenían naturaleza pecaminosa? La respuesta es curiosamente simple: por su *propio libre albedrío*. Observemos esta respuesta de manera más detallada.

Dios creó a Adán y Eva con la perfección de la libre elección, la cual consiste en la capacidad para escoger una cosa u otra sin estar forzado a hacerlo a favor de ninguna de ellas. Adán y Eva utilizaron su libre albedrío cuando decidieron desobedecer a Dios y comer del árbol prohibido en el huerto del Edén. El mal surgió en el mundo en ese momento y apareció como un subproducto de las decisiones humanas; acciones libres en desobediencia. Sí, el mal provino de algo bueno: el libre albedrío.

A fin de ayudarte a entender cómo puede surgir el mal a partir de algo bueno, observa, por ejemplo, el caso del herrero que moldea en el yunque una herradura para caballo. Mientras está golpeando con el martillo para darle forma a la herradura, se desprende una chispa que incendia el granero en el cual trabaja. Finalmente, el lugar queda completamente destruido. El buen herrero que moldeaba una buena herradura con un buen fuego incendió el buen granero. Así como el granero incendiado fue un subproducto de algo bueno, como es el hecho de fabricar herraduras, de la misma manera el mal es el resultado o subproducto de algo bueno como lo es el libre albedrío.

Quizá haya muchos que en este momento se estén preguntando: *¿Por qué?* Si Dios sabía que la libre elección daría lugar a la aparición del mal, ¿por qué nos dio el libre albedrío? Lo hizo de esta manera porque la capacidad de elegir es sumamente importante. Es el mismo ingrediente que hace que nuestro amor a Dios y a los demás sea significativo (Mat. 23:37).

¿Qué sucedería si fuéramos todos robots programados para decir "Te amo"? Este amor tendría tanto significado como el que surge de una muñeca a cuerda que repite la frase "Te amo, te amo, te amo". No existiría una decisión personal de amar y, sin esa decisión, no podría haber salvación porque la salvación depende de nuestra decisión de amar y recibir a Cristo (Rom. 10:9-10). Para resumirlo todo, la capacidad de amar utilizando libremente la posibilidad de escoger por nuestra cuenta es más importante que el hecho de que Dios elimine en este momento todo el mal, y para que esto último suceda, tendría que abolir la libre elección a fin de que desaparezca lo malo.

¿Quién es responsable del pecado de Adán y Eva?

Algunos suponen que Dios o Satanás fueron los responsables del pecado de Adán y Eva porque ninguno de éstos tenía naturaleza pecaminosa antes de comer del árbol prohibido. Aunque la Biblia registra que Satanás tentó a Adán y Eva (Gén. 3), hay varias razones que revelan que es un error culpar a Satanás.

En primer lugar, el esfuerzo de Satanás fue una causa *contributiva* pero no *determinante* del pecado. Sí, Satanás influyó, contribuyó y utilizó la persuasión para conseguir que Adán y Eva tomaran la decisión de desobedecer. Sin embargo, Adán y Eva escogieron desobedecer al ejercer su libre albedrío. Esto se torna evidente cuando nos damos cuenta de que todas las acciones, sean en obediencia o en desobediencia, necesitan una causa. Las acciones no suceden simplemente sin rima ni razón, sin causa ni actor que se encuentren detrás de ellas. La ley fundamental de la causalidad, la cual se trató mientras se ofrecían pruebas de la existencia de Dios (ver cap. 4), también se aplica a las acciones humanas. La misma ley de la causalidad que se utilizó para demostrar el *ser* de Dios (es decir, su existencia) también se puede usar para comprobar el *hacer* de la humanidad (es decir, las acciones). Las acciones de desobediencia a Dios por parte de Adán y Eva fueron realizadas de alguna de estas formas:

- sin causa… Esta opción viola la ley de la causalidad, la cual dice que todo evento (las acciones son eventos) necesita una causa. Es imposible que un evento surja sin una causa.
- causadas por otro… Si el pecado de Adán y Eva hubiese sido causado por Satanás o alguna otra influencia, Dios no los podría haber hecho responsables de sus acciones. Ellos podrían haber dicho: "¡El diablo nos hizo hacerlo!" No obstante, es claro que Dios los halló culpables y pronunció su juicio (Gén. 3:13-19). Además, si nuestras acciones son causadas por alguien o por algo, ¿cómo podría el sistema judicial condenar jamás a los criminales por las malas

acciones (crímenes) que cometieron? Un criminal podría decir sencillamente: "El diablo me hizo hacerlo." En otras palabras, la consecuencia de creer que nuestras acciones son causadas por otro eliminaría la responsabilidad moral individual.

• causadas por uno mismo... Esta opción parece ser la única solución razonable para el relato del pecado original. Las acciones de Adán y Eva fueron causadas (determinadas) por su propio *yo* (es decir, yo, yo, yo). Las acciones causadas por uno mismo preservan la responsabilidad moral del individuo y se las considera como causa primera de la acción (pecado) en sí.*

La segunda razón por la cual no podemos decir que Satanás fue la causa determinante del pecado de Adán y Eva es porque si lo hiciéramos, aún tendríamos que responder la pregunta acerca de quien tentó a Satanás para que pecara. La verdad del asunto es que ningún otro ser persuadió ni alentó a Satanás para que pecara. *No existía ningún tentador antes de que Satanás cayera.* Dios no tentó a Satanás ni influyó en él de ninguna manera porque Santiago 1:13 dice: "Cuando alguno es tentado, no diga que es tentado de parte de Dios; porque Dios no puede ser tentado por el mal, ni él tienta a nadie". Satanás pecó como resultado de su propia decisión libre de desobedecer a Dios.

Por lo tanto, llegamos a la siguiente conclusión: Si Dios, en quien no hay ningunas tinieblas (1 Jn. 1:5), no pudo haber hecho que Adán y Eva pecaran, y la decisión de éstos de desobedecer a Dios no fue causada por otro (Satanás), *entonces Adán y Eva fueron responsables de sus propias acciones pecaminosas.*

¿Qué es el mal?

Las religiones mundiales más importantes tienen diferentes respuestas cuando se trata de definir el mal. Algunas dicen que el mal realmente no existe. Otras dicen que es un virus contagioso. También hay otras que creen que es un objeto material con moléculas tan sólido como una roca o un mueble.

La opinión cristiana del mal, sin embargo, es muy diferente. Los cristianos creen que el mal es real pero que no es necesariamente una cosa

---

*A fin de evitar confusión con el capítulo 4 (pág. 45), es importante recordar que, aunque decimos que nuestras acciones pueden ser "causadas por nosotros mismos" y que el universo debe ser "causado por otro", lo que queremos expresar es que tanto el universo como nuestras acciones necesitan una causa primera. En el caso del universo, la causa primera es Dios; en el caso de nuestras acciones, la causa primera es nuestro yo. La diferencia entre el *yo* y las *acciones* es que el yo "decide" el curso de acción a tomar y las acciones en sí surgen como *resultado* de la decisión. No estamos diciendo que las acciones en sí mismas son la causa primera. *Ver también* Norman Geisler, *Chosen but Free* [Escogidos pero libres] (Minneapolis: Bethany House Publishers, 1999), 24-27.

palpable. Aún así, si Dios creó todas las cosas y el mal es algo, ¿significa esto que Dios creó el mal? ¡No! Aunque esta respuesta pueda parecer una contradicción para algunos, si observamos más detenidamente, es evidente que el mal es algo distinto.

El mal se puede entender fácilmente cuando recordamos que es algo real pero no *material*. Si el mal fuera material, entonces podríamos culpar a Dios por el mal, debido a que Él hizo el mundo material de las rocas, los árboles, los minerales y los océanos (Gen. 1:1). No obstante, tal acusación es inconsistente con lo que ya sabemos que es verdad en cuanto a Dios, o sea, que todo lo que Él hizo era "bueno" (Gén. 1:27-31). Además, el apóstol Juan dijo que en Dios no hay "ningunas tinieblas" (1 Jn. 1:5). Esto significa que el mal tiene que ser inmaterial.

El mal es, en realidad, la falta de algo bueno. Por ejemplo, los agujeros a los costados de un automóvil causados por efecto del óxido o por un accidente se pueden considerar un mal porque al automóvil le falta el elemento que debería estar presente: el metal. En un sentido espiritual, la falta de una relación adecuada con Dios fue el mal más importante que se produjo como resultado cuando Adán y Eva decidieron desobedecerle y comer del árbol prohibido.

Si llevamos un poco más allá la explicación acerca del mal, aquí tenemos una pregunta capciosa: ¿Se debe considerar como un mal la falta de un ojo en una roca? No, porque la roca, en primer lugar, no debe tener ojos. Recuerda que el mal es la falta de algo que *debería estar presente* originariamente. Por lo tanto, la ausencia de visión en una roca no es algo malo sino que lo que está mal es la falta de esa capacidad en una persona.

El mal también se puede entender en términos de una mala relación.[1] Por ejemplo, imagina la buena mano de un arquero que apunta hacia una buena persona con una buena flecha colocada en un buen arco. Lanzar la flecha hacia la persona traería como resultado una mala relación. Las cosas materiales que se utilizan no son malas en sí mismas (Rom. 14:14) pero la relación resultante entre ellas desaparece. Las armas o los tornados que arrasan una región poblada de gente serían ejemplos similares. Las cosas que participan en la acción no son malas en sí; solamente se puede considerar como mal si existe una mala relación entre las partes.

¿Por qué no detiene Dios el mal?

La presencia del mal en todo el mundo parece inconsistente con un Dios todopoderoso que permite que aquél continúe. Da la impresión de que si Dios fuera todopoderoso, entonces podría eliminar el mal. Si fuera plenamente bueno lo destruiría, pero la verdad de la cuestión es que el mal no se destruye. Muchas personas, en consecuencia, llegan a la conclusión de que no puede haber un Dios perfecto. Esta actitud pone en un dilema a muchos creyentes. ¿Cómo explicamos la existencia del mal a la luz de un Dios todopoderoso y totalmente bueno? La Biblia dice que Jesús conquistó el mal clavándolo "en la cruz" (Col. 2:14-15) y que la razón de su venida fue para "deshacer las obras del diablo" (1 Jn. 3:8). No obstante, una lectura rápida de algún periódico local revela que las acciones malas se están tornando cada vez más comunes. ¿Existe alguna contradicción en esto? No. Aunque Dios *es* todopoderoso y perfectamente bueno, hay por lo menos cuatro razones por las cuales no detiene el mal en este momento.

1. La obra de Jesús en la cruz ciertamente venció al mal. ¿De qué manera? Derrotó al mal *oficialmente* en su primera venida y lo vencerá *concretamente* cuando venga por segunda vez. Esto significa que, cuando Jesús murió en la cruz y resucitó de los muertos, quitó la culpa y la pena por nuestros pecados a fin de posibilitar una nueva relación entre nosotros y Dios. En otras palabras, ahora tenemos una nueva posición oficial en Cristo libres de la consecuencia del mal: el castigo eterno (2 Cor. 5:21). No obstante, cuando Cristo regrese por segunda vez, separará *de hecho* a los creyentes del mal que ahora vemos a nuestro alrededor (Mat. 25:31-46; Apoc. 21:4). En ese momento proveerá un lugar para el mal denominado "infierno", y otro para el bien llamado "cielo" (Mat. 25:31-46). En resumen, Jesús venció al mal por primera vez con la *cruz*, pero la próxima vez lo derrotará con la *corona*. Dios hizo *posible* que el mal fuese vencido en su primera venida pero hará que esta derrota sea *real* en la segunda venida.[2]

2. Para que Dios detenga completamente el mal en este momento debe, en primer lugar, *eliminar todo libre albedrío*. Sí, la libertad para elegir debe detenerse antes de que se pueda abolir totalmente el mal. Esto se debe a que el mal es producto de las decisiones tomadas libremente. Tal como hemos visto, si Dios eliminara completamente la libre elección, entonces jamás podríamos tomar la decisión de recibir a Jesús como Salvador y no existiría ninguna comunión celestial con Él. La libertad es lo que poseemos a fin de que pueda ser posible amar a Dios *de manera significativa*. Jesús dijo que el amor es el mandamiento más grande de todos (Mat. 22:36-37; 5:22-48). Si fuésemos obligados a amar a Dios sin la capacidad de escoger libremente, seríamos semejantes a robots que carecen de vida. Más aún, esto sería inconsistente con

la voluntad y el propósito eternos de Dios de que todos tengamos oportunidad de participar libremente de su comunión eterna (2 Ped. 3:9).

3. Es irracional creer que Dios no existe porque aún no se ha vencido al mal. El simple hecho de que no se haya vencido al mal en este momento no significa que Dios no lo vaya a hacer en el futuro. Si el incrédulo aplicara esta misma forma de pensar a los temas científicos, se demostraría que está equivocado. Por ejemplo, los científicos antiguamente no sabían qué era lo que provocaba los terremotos, los tornados o inclusive el vuelo de las abejas. Hoy en día tienen las respuestas para todas estas cuestiones extrañas. Del mismo modo, aunque el mal *aún* no ha sido vencido, en el futuro veremos el último acto del plan de Dios para abolirlo completamente y entender de manera más completa la razón por la cual esperó para llevarlo a cabo.

4. Decir que Dios no existe porque el mal aún está presente es simplemente irracional porque no hay ningún ser finito que sepa con seguridad lo que sucederá en el futuro. El simple hecho de que Dios sea todopoderoso y perfectamente bueno no significa que deba destruir el mal *ahora*. Más bien, si Dios es todopoderoso, *puede* destruir el mal, y si es totalmente bueno, lo *hará*. Nuestra mente finita sencillamente no sabe *cuándo* sucederá.

¿Tiene el mal un propósito?

Cuando el mal golpea, la mayoría de nosotros no puede entender por qué ha sucedido. ¿Por qué un amigo perdió el brazo en un accidente automovilístico? ¿Por qué mamá murió de cáncer? ¿Por qué se me quemó la casa? ¿POR QUÉ? ¿POR QUÉ? ¿POR QUÉ? Son pocas las personas que pueden ver algún propósito bueno en los acontecimientos trágicos que provocan dolor y sufrimiento. Ante estas difíciles preguntas de "por qué" generalmente se intenta ofrecer consuelo mediante abrazos o palabras consoladoras que a menudo no alcanzan a ser una respuesta adecuada para aliviar el dolor.

El incrédulo diría que, debido a que un Dios que es perfectamente bueno debe tener un buen propósito para todo, y ante el hecho de que no parece haber ningún propósito bueno en el dolor y el sufrimiento, en consecuencia es lógico negar la existencia de ese Dios. En realidad, hay muchas razones para rechazar esta forma de pensar y seguir permaneciendo firmes en la fe aun cuando el mal golpee y nos deje confundidos en cuanto al propósito y la existencia de Dios.

En primer lugar, sabemos que existen algunos propósitos buenos para el mal. A menudo Dios utiliza males menores como señales de advertencia para que tomemos conciencia de males mayores que podrían sobrevenir. Por ejemplo, el dolor en una muela nos advierte en cuanto a la presencia de una caries. Si no se trata, podría requerir un tratamiento de conducto dentario u otra cirugía dental (¡ay!). El dolor a menudo es necesario para impedir que nos lastimemos. La primera vez que nos quemamos con una olla caliente en la cocina o con el motor de un automóvil no nos resultó divertido, pero estas cosas hicieron que tomáramos conciencia de la necesidad de evitar tocar materiales calientes. Si no aprendiéramos, podríamos sufrir consecuencias aun más graves que podrían traer como resultado la muerte o la pérdida de algún miembro.

Segundo, tal vez no sepamos el propósito que tiene Dios para el mal, pero eso no significa que ese propósito no exista. Es irracional asumir que Dios no tenga ningún propósito bueno para el mal simplemente porque no somos conscientes de ello. De hecho, el apóstol Pablo dijo: "¡Cuán insondables son sus juicios, e inescrutables sus caminos! *Porque ¿quién entendió la mente del Señor?"* (Rom. 11:33-34).

Tercero, Dios permite el mal para derrotarlo finalmente. La muerte de Jesús en la cruz es un buen ejemplo. Jesús padeció azotes, golpes y maldiciones aunque era un hombre inocente. Dios permitió este mal –el dolor, el sufrimiento y la muerte de Jesús– a fin de vencerlo finalmente en el futuro (Juan 15:13; Heb. 12:2). Dios tuvo un propósito más elevado al quitar para siempre la pena del pecado permitiendo que el mal tuviera lugar durante el proceso que condujo a la muerte de Jesús. Dios permitió que le ocurriera un mal *injusto* (la muerte de Cristo) a *una persona* (Jesús) a fin de aplicar *misericordia* a *muchos* (la humanidad).

Dios tiene buenos propósitos para el mal que quizá nos resulten difíciles de entender. Por ejemplo, los hermanos de José lo traicionaron ideando un complot malvado para vendérselo a una caravana de mercaderes ismaelitas que se dirigían hacia Egipto. Cuando más tarde José se volvió a reunir con sus hermanos en Egipto a causa de una grave hambruna, les dijo: "Vosotros pensasteis mal contra mí, mas Dios lo encaminó a bien, para hacer lo que vemos hoy, para mantener en vida a mucho pueblo" (Gén. 50:20).

¿Podría haber evitado Dios el mal?

¿No podría haber creado Dios un mundo en el que no existiera el mal? Algunos dicen que Dios, en primer lugar, no tendría que haber creado el mundo porque sabía que algunas personas serían malas e irían al infierno. Sin embargo, Dios ciertamente creó un mundo con criaturas libres en el cual el mal está presente. ¿Por qué escogió Él esta manera de llevar a cabo sus propósitos en lugar de hacerlo de otro modo? Observemos varias razones por las cuales Dios pudo haber pensado que la forma actual era la mejor.

Primero, Dios podría haber creado un mundo donde no existiese el mal (lo hizo cuando creó a Adán), pero no podía garantizar que iba a permanecer de ese modo en tanto vivieran en él criaturas *libres.* Si Dios hubiese forzado a Adán (o al resto de nosotros) a escoger siempre lo bueno, entonces el hombre no habría sido libre. La libertad forzada es una contradicción. Si es forzada, entonces no es libre y si es libre, no es forzada. Tal como se dijo anteriormente, el mal es un *subproducto* o consecuencia posible de la libertad. Dios tendría que sacrificar la libertad a fin de mantener fuera al mal, y no lo hará porque se necesita libre elección para recibir todo bien moral, inclusive la salvación. El mal será separado para siempre de nosotros (Apoc. 21-22) cuando se hayan tomado todas las decisiones libres para aceptar o rechazar a Cristo. Declarado sucintamente: "Este mundo presente no es el mejor de todos los mundos, pero es la mejor manera de llegar al mejor mundo posible con criaturas libres que participan en el proceso".[3]

Segundo, decir que Dios no tendría que haber creado nada para que nosotros nos evitáramos el mal y el infierno es decir que nada es mejor que algo. Trata de aplicar esta misma lógica a tu deporte favorito. ¿Se tendría que dejar de disputar el Super Bowl (enfrentamiento final de la Liga de Fútbol Americano) porque sabemos que uno de los equipos finalmente va a perder? ¿Y qué diríamos del tenis en Wimbledon? ¿Deberíamos suspender este torneo popular porque sabemos que habrá un jugador derrotado? ¡Desde luego que no! Tener oportunidad de triunfar, de arriesgar y de ganar es un bien mucho mayor que no tener esa chance en absoluto. El mismo razonamiento se aplica a la razón por la cual Dios creó el mundo: aunque Dios sabía que iba a haber algunos perdedores, la oportunidad de amar, de vivir y de recibir a Jesús como Salvador es mejor que no tener ninguna chance en absoluto. O sea, algo es mejor que nada.

Finalmente, Dios escogió esta manera de llevar a cabo sus propósitos porque es la más *razonable* para concretar su plan de triunfar sobre el mal y recompensar el bien. Dios puede proteger el libre albedrío y vencer finalmente al mal utilizando un proceso de "separación"; los que escogen en contra de Cristo serán separados de los que eligen recibirlo. Los que son separados de Dios nunca volverán a corromper lo bueno y los que reciben a Cristo no pecarán más en el cielo. ¡Sí, Dios vencerá al mal y lo separará en función de nuestra libre elección! En otras palabras, el bien y el mal finalmente serán totalmente separados y confinados a fin de no volver a transgredir (Apoc. 20:11-21:8). Este proceso dará nacimiento a una realidad en la cual el mal sea derrotado y exista un mundo perfecto.

Desde luego, hay quienes dicen que Dios no puede lograr un mundo perfecto mientras envíe gente al infierno porque hacer esto demuestra que Él no es perfecto. Existen por lo menos tres razones por las cuales esta forma de pensar carece de fundamento.

1. Dios no envía a nadie al infierno; simplemente *confirma la libre elección de las personas* de vivir alejadas de Cristo. Aunque Dios quiere que todos sean salvos (2 Ped. 3:9), dejaría de ser amoroso si *forzara* a la gente a entrar al cielo en contra de su voluntad. El amor forzado es una contradicción de terminología. Dios no lo hará. Así como no podemos forzar a la gente para que nos ame, de la misma manera Dios tampoco nos obligará a tener comunión con Él si inicialmente hemos rechazado su invitación a tenerla.

2. Dios no es injusto porque las personas estén en el infierno. Sólo sería injusto si hubiera en el infierno alguien que no debiera estar allí.

3. Dios puede lograr un mundo perfecto y disfrutar de él sabiendo que algunas personas están en el infierno así como yo puedo disfrutar de una comida aunque tú no hayas querido comer. Más aún, también debemos recordar que Dios es perfecto en todo lo que hace, ya sea que se refiera al cielo o al infierno. Lo que no se coloca bajo su *gracia perfecta* (la salvación y el cielo) vuelve a colocarse debajo de su *juicio justo y perfecto* (el infierno).

Conclusión

Aunque las cicatrices del mal han dejado sus efectos devastadores sobre la humanidad, el creyente puede mirar hacia el futuro a la herencia de un mundo perfecto donde el mal habrá sido separado y aislado para siempre. Ninguna lágrima más, ningún dolor, ningún sufrimiento ni ninguna clase de mal afectará nuestra bendita existencia con Cristo (Apoc. 21:4). El proceso que Dios está utilizando para llevar a cabo su plan con personas libres no sólo es sensible sino que es la única manera de traer como resultado un mundo perfecto.

Repaso

1. ¿Cómo se originó el mal? _____

_____

_____

_____

_____

2. ¿Qué es el mal?_____

_____

_____

_____

_____

3. Describe cómo se puede entender el mal en términos de una "mala relación". _____

_____

_____

_____

_____

4. ¿Por qué no detiene Dios el mal ahora? _____

_____

_____

_____

_____

5. Enumera cinco buenos propósitos del mal._____

_____

_____

_____

_____

6. ¿Qué don precioso se tendría que destruir si Dios aboliera el mal en este momento?_____

_____

_____

_____

_____

CAPÍTULO 8
¿Son posibles los milagros?

Situación

Cuando el último timbre despide a los alumnos al final del día, Pedro, Juan, Sara y Yanina se dirigen apresuradamente hacia la casa de Pedro para escuchar en la televisión las últimas noticias de la tragedia. Ni bien encienden el televisor, Sara comienza a llorar.

Yanina: ¿Estás bien, Sara?

Sara: Sí, pero estoy muy preocupada por todas esas personas que tal vez murieron en los dos edificios.

Yanina: Yo también. Oremos. Señor, consuela a esas familias que han perdido a seres queridos en los edificios. Dales esperanza de volver a verlos algún día después de la resurrección. Gracias, Jesús, por resucitar de los muertos y abrir el camino para que otros te sigan. Amén.

Juan: ¿Cómo puede alguien resucitar de los muertos? Es imposible.

Pedro: Para Dios es posible porque Él es todopoderoso y envió a Jesús para demostrarlo.

Sara: Chicos, ¿ustedes creen realmente en los milagros y todas esas cosas?

Pedro y Yanina: Aahhh…

Preguntas

- ¿Qué es un milagro?
- ¿Alguna vez has sido testigo de un milagro?
- ¿Crees que los milagros son posibles?
- ¿Cómo respaldan los milagros el mensaje del evangelio de salvación?

Propósito

Establecer el valor de los milagros como evidencia y su propósito en relación a la fe cristiana.

Objetivo

Entender la importancia como así también la necesidad de defender la existencia de los milagros.

En este capítulo aprenderás...

- que existen buenas razones para aceptar la posibilidad y la credibilidad de los milagros,
- que un milagro es un acontecimiento raro, que tiene un propósito provocado por Dios en el mundo natural y que no podría haber ocurrido por sí solo. Es una acción de Dios que suspende las leyes de la naturaleza,
- a defender la posibilidad de la existencia de los milagros porque el cristianismo está basado en el evento milagroso de la resurrección de Jesús. Si no hay milagros, ¡entonces no hubo ni resurrección ni cristianismo!,
- que los milagros auténticos son siempre instantáneos, exitosos y específicos; la gente nunca recae en la condición previa y ocurren dentro de un contexto moral y teológico,
- que los milagros son posibles a la luz de las leyes de la naturaleza porque éstas no *dictan* cómo *debe* operar el universo sino, más bien, *describen* cómo funciona *generalmente,*
- que los milagros bíblicos son creíbles porque tenemos testigos visuales y registros históricos confiables.

Ahora que sabemos que Dios existe y que la verdadera existencia del mal no es inconsistente con un Dios perfectamente bueno, dirijamos nuestra atención al tema de los *milagros.* La Biblia está llena de eventos milagrosos desde el Génesis hasta el Apocalipsis. Jesús camina sobre el agua, sana a los enfermos, convierte el agua en vino, echa fuera demonios, multiplica los panes y los peces para la gente hambrienta y resucita a los muertos. Moisés divide el Mar Rojo, Pedro resucita a un muerto y Pablo sobrevive al ataque de una serpiente. Aún así, los científicos modernos expertos consideran que todos estos acontecimientos son "imposibilidades".

¿Cómo pueden los creyentes explicar de manera racional tales eventos en un mundo que rechaza lo sobrenatural? En el mundo natural, la gente se hunde cuando trata de caminar en el agua y generalmente fracasa cuando intenta resucitar a los muertos. Las afirmaciones radicales y milagrosas de las Escrituras parecen estar en conflicto directo con nuestra experiencia diaria. Esto, a su vez, ha establecido una piedra de tropiezo para muchas personas que consideran que el cristianismo no es creíble. El propósito de este capítulo no es demostrar que todos los milagros que aparecen en las Escrituras han ocurrido realmente; esa es una pregunta histórica que la responden los testigos visuales (ver cap. 9). Nuestra meta en esta sección es mostrar que los milagros son al mismo tiempo *posibles* y *creíbles*.

¿Qué son los milagros?

Es importante definir qué son los milagros a fin de prevenir que haya confusión al hablar de ellos. Por medio de la palabra *milagro* estamos haciendo referencia a una intervención divina dentro del mundo natural. Es una excepción sobrenatural al curso regular del mundo que no habría ocurrido de ninguna otra manera.[1] Esta definición revela varias características de los milagros.

En primer lugar, los milagros son acciones especiales de Dios que producen un evento con propósito. Sabemos que la fuente u origen de los milagros no procede del mundo natural en que vivimos porque son acciones realizadas por Dios. En cambio, tienen una causa sobrenatural. Es decir, los milagros ocurren *en* el mundo pero no son *del* mundo.

Segundo, el "propósito" que se encuentra asociado a los milagros nos ayuda a distinguirlos de acontecimientos casuales e inusuales. Por ejemplo, digamos que estás caminando por la playa con un amigo. Cuando comienzas a hablarle de Cristo, él empieza a poner objeciones. En un esfuerzo por hacer que tu presentación sea más creíble, le dices que Dios hará que una ballena salte hacia afuera del mar y vuele durante diez minutos. Cuando comienzas a orar, la ballena repentinamente salta y comienza a volar. ¿Se debe considerar esto como un milagro? ¡Sí! Tenía *propósito y sentido de la oportunidad, y se adecuaba a la situación.* ¿Se podría identificar este mismo evento como un milagro si, en primer lugar, no hubieses estado testificando u orando para que sucediera? No, porque el *propósito* y la *oportunidad* en que tuvo lugar la *situación* habrían cambiado. Esto se consideraría un acontecimiento "inusual" pero no podríamos saber si fue milagroso porque carece de estas características que lo identifican como tal.

¿Por qué debemos defender los milagros?

Hay, por lo menos, cuatro razones por las cuales los milagros son importantes.

1. Es necesario que los creyentes defiendan los milagros porque nuestra fe está sustentada en el milagro más importante de todos: la resurrección de Jesús. Si los milagros no son posibles, entonces la resurrección nunca ocurrió. El apóstol Pablo habla acerca de la terrible consecuencia que surgiría sin este evento especial (ver 1 Cor. 15:12-19); o sea, que el cristianismo sería falso.

2. Los milagros sirven como señales que Dios ha dado con el propósito de confirmarnos su mensaje de salvación, el poder sobre la muerte y su capacidad de cumplir la promesa que hizo de resucitar a todos los creyentes. Después de todo, Jesús efectuó declaraciones extraordinarias acerca de sí mismo y de la vida después de la muerte que a algunas personas les resultaría difícil creer. Así es que, Dios nos proporcionó pruebas (milagros) concurrentes que confirman que lo que Él dice es realmente cierto (ver Heb. 2:2-6). En este sentido, los milagros son evidencia de parte de Dios para los incrédulos. Esto es precisamente lo que coloca al cristianismo por encima de todas las otras religiones del mundo. Los otros sistemas religiosos no poseen milagros confirmatorios verídicos tal como sucede con el cristianismo. En ausencia de estos milagros, las palabras de Cristo serían como promesas vacías en relación a las cuales no existiría ninguna razón para creer que Él tiene poder para cumplirlas.

3. Los milagros producen gloria a Dios. Esto se logra confirmando su Palabra (Heb. 2:3-4), al mensajero (Hech. 2:22) y el mensaje (Ex. 4:1-9; 2 Cor. 12:12). Su poder y su carácter asombroso se manifiestan dondequiera que ocurra un milagro. Siempre que veamos su poder liberado en estas acciones, estas deberían sumirnos en una contemplación y adoración más profundas de su santo Ser.

4. Los milagros a veces se utilizan para confirmarnos que ciertamente ha tenido lugar una realidad interna, como es el caso del perdón de pecados. En otras palabras, cualquiera podría decir: "Tus pecados te son perdonados", pero ¿cómo se sabe en realidad que así ha sucedido verdaderamente? Como el perdón de los pecados no se puede observar a simple vista, Dios ha colocado concurrentemente como prueba de ese perdón un milagro que se puede observar. Por ejemplo, cuando los fariseos se enfrentaron con Jesús dudando de su autoridad para perdonar pecados, Jesús respondió: "Pues *para que sepáis* que el Hijo del Hombre tiene

potestad en la tierra para perdonar pecados... A ti te digo: Levántate, toma tu lecho, y vete a tu casa" (Mar. 2:10-11, énfasis agregado). Como los fariseos no podían saber si el hombre había sido realmente perdonado, Jesús les proporcionó una evidencia curándolo de manera milagrosa. Dios no nos pide que creamos ciegamente lo que nos dice sino, más bien, nos provee la evidencia necesaria para que tomemos una decisión basada en la información. La fe cristiana no es un salto desenfrenado en la oscuridad; es un paso de fe a la luz de la evidencia.

¿Cómo se pueden diferenciar los milagros de la magia?

Muchos conocemos o hemos visto las hazañas extraordinarias de magos como David Copperfield, Houdini o inclusive las proezas extravagantes de algún gurú oriental. Muchas personas consideran que estas obras mágicas se encuentran al mismo nivel que los milagros bíblicos. No obstante, hay ciertas características importantes que diferencian claramente estas dos cosas.[2]

Primero, los milagros bíblicos son siempre instantáneos, nunca graduales. Si Jesús sanaba a alguien, lo hacía de manera inmediata y completa. Esto es muy diferente a lo que le declaran algunos "profetas" de la era moderna a la gente, diciendo que la sanidad milagrosa se produce en forma gradual. (Existe un solo milagro en la Biblia que ocurrió en dos etapas: el ciego del evangelio de Marcos [8:22-25]. No obstante, cada etapa fue inmediata y completa.[3])

Segundo, los milagros bíblicos son siempre exitosos. Los milagros verdaderos nunca han fallado. Esto se debe a que Dios es la fuente y origen de la acción y el hombre es el instrumento que Dios utiliza.

Tercero, nunca hay una recaída después de un milagro genuino. Esto significa que, si Jesús sana a un enfermo, esa enfermedad nunca regresa otra vez. Desde luego, aquellos que resucitaron de los muertos se volvieron a morir (Mat. 27:52-53; comparar con Rom. 5:12), solamente para aguardar su resurrección permanente (1 Cor. 15:12ss.).

Finalmente, todos los milagros son específicos, no son vagos ni oscuros. Los milagros de Jesús fueron de una precisión exacta, sin dejar ninguna duda en cuanto a la naturaleza del milagro que deseaba llevar a cabo. Ya sea que el problema fuese demoníaco, físico o espiritual, Jesús lo identificaba *específicamente* a fin de evitar cualquier confusión en cuanto a su objetivo.

Las columnas siguientes presentan una clara distinción entre los milagros y la magia al comparar sus características distintivas.[4]

Milagros	Magia
Están bajo el control de Dios	Está bajo el control del hombre
Están hechos en la voluntad de Dios	Está hecha en la voluntad del hombre
No se pueden repetir	Se repite en forma natural
No incluyen ningún engaño	Incluye engaño
Ocurren en la naturaleza	No ocurre en la naturaleza
Encajan en la naturaleza	No encaja en la naturaleza
Son inusuales pero no extraños	Es inusual y también extraña
Se asocian con el bien	A menudo se asocia con el mal
Producen gloria a Dios	Produce gloria al hombre
Se usan para confirmar la Palabra de Dios	Se usa para entretener o engañar a la gente

¿Son posibles los milagros?

Ningún creyente serio puede ignorar la importancia de los milagros porque está en juego la existencia misma del cristianismo en su condición de religión creíble. O sea, si los milagros no son posibles, entonces no hay cristianismo. La resurrección de Cristo, la deidad, el nacimiento virginal y la segunda venida se considerarían mitos, al igual que "Blanca Nieves y los siete enanitos".

Aunque ha habido muchas objeciones en cuanto a la posibilidad de los milagros, existe una crítica obvia que es necesario considerar. *¿Cómo puede ocurrir un milagro en nuestro mundo donde se considera que las leyes de la naturaleza son inquebrantables?* Observemos algunas de estas leyes a fin de obtener una mejor comprensión sobre ellas.[5]

Las "leyes de la naturaleza" incluyen condiciones tales como la gravedad, la rotación de la tierra, la sucesión del día y la noche y los cambios de las mareas y las estaciones. Los científicos han observado que todas estas cosas ocurren *de manera secuencial* y reflejan un *ciclo sin fin* de la naturaleza. Muchos dicen que estas leyes no se pueden violar, detener ni suspender durante ningún período de tiempo. Sin embargo, sabemos que esto es falso cuando simplemente observamos que un aeroplano vence la ley de la gravedad al despegar del aeropuerto camino a su destino. Nuestra meta como creyentes es demostrar que estas "leyes" no son fijas e inquebrantables y que *los milagros pueden aparecen en nuestro mundo en cualquier momento que Dios desee llevarlos a cabo.* Esto lo podemos lograr de varias maneras.

En primer lugar, es necesario demostrar que los milagros no tienen que obedecer estas leyes naturales de la manera en que nosotros debemos cumplir con las leyes de tránsito. Estas dos *clases* de leyes son totalmente diferentes. La principal diferencia es que las leyes de tránsito nos dicen cómo *debemos* operar y las leyes naturales explican de qué manera funciona *generalmente* el mundo. En otras palabras, se espera que no violemos las leyes de tránsito porque nos dicen lo que *debemos* hacer. Sin embargo, puede haber excepciones *a* las leyes naturales a través de la realización de milagros porque éstas solamente describen lo que comúnmente ocurre en el mundo natural. En este sentido, los milagros no son en realidad una "violación" sino una "excepción" o "suspensión" de las leyes naturales. Esta "excepción" se puede comparar a la cancelación de la rutina escolar diaria por causa de una asamblea especial. Un milagro es sencillamente una excepción a la rutina normal de la naturaleza. Después de que el milagro se ha llevado a cabo, las leyes de la naturaleza continúan su curso normal en el mundo.

Segundo, si Dios existe (cap. 4), entonces las acciones de Dios (milagros) son posibles. Esto es tan razonable como decir: "Si los seres humanos existen, entonces las acciones de los hombres son posibles". Además, la voluntad de Dios sustituye las leyes de la naturaleza. De hecho, es su voluntad la que creó y sostiene estas leyes (Heb. 1:2-3). En la conclusión final, la única manera de demostrar la imposibilidad de los milagros sería comprobar que Dios no existe. En realidad, como las evidencias demuestran que Dios creó el universo, el mayor milagro de todos ya ha tenido lugar (ver cap. 4).

¿Son creíbles los milagros?

Algunas personas están de acuerdo en que los milagros son *posibles*, sin embargo todavía tienen problemas para decir que son *creíbles* o *meritorios*. Esta duda en cuanto a los milagros generalmente se debe a que no los han experimentado personalmente. La persona que duda argumenta que, puesto que los milagros ocurren *raras veces*, no debemos creer en ellos. ¿Cuándo fue la última vez que experimentaste una resurrección o que alguien caminó sobre el agua? La mayoría de nosotros no hemos atravesado esas circunstancias. Por lo tanto, según la persona que duda, esto demuestra que la evidencia en contra de los milagros es mayor que la que existe a favor de ellos. No obstante, se hallan dos errores en esta línea de pensamiento.

1. El simple hecho de que la mayor parte de las experiencias que atravesamos en la vida carezcan de milagros bíblicos no significa que no se deba creer en ellos. Si no vamos a creer en los milagros porque no los experimentamos, tampoco debemos creer que la Guerra Revolucionaria se llevó a cabo porque no pasamos por ella. ¿Y qué podemos decir del gran terremoto de San Francisco en 1906? ¿Y qué sucedería con el principio mismo de la vida y cualquier otro evento que ocurrió solamente una vez en el pasado tal como en el caso de los milagros? En nuestros días no se está experimentando ninguno de estos acontecimientos. ¿Deberíamos dudar de su existencia? No, porque tenemos informes confiables y relatos escritos de testigos visuales para informar a las generaciones futuras acerca de la credibilidad de los milagros que han tenido lugar en el pasado.

2. Aquellos que no creen en los milagros porque el tiempo que vivimos sin haberlos experimentado es mayor que el que fuimos partícipes de ellos cometen el error de *agregar* la evidencia en lugar de *evaluarla*.[6] Sumar la cantidad de días de nuestra vida en los cuales nunca experimentamos ningún milagro para luego comparar ese número con aquellos en los cuales sí los vivimos es tratar las evidencias de manera injusta. "Evaluar" la evidencia es muy diferente a "agregar" la evidencia. Evaluar la evidencia significa constatar su calidad y medir su confiabilidad a fin de arribar a una conclusión. Agregar es simplemente observar la cantidad de evidencia desde el día en que ya no ocurrió ningún milagro en vez de evaluarla en el momento en que se produjo concretamente.

El sistema judicial de los Estados Unidos le otorga más validez al testimonio de sólo *un* testigo visual que al de *diez* personas que jamás vieron un crimen determinado. ¿Qué testimonio te parece que le resultará más valioso a la corte cuando tenga que decidir lo que va a creer: el del testigo individual que presenció el crimen o el de diez personas que no lo vieron? Así sucede con los milagros. Aun un solo testigo visual confiable sería evidencia suficiente para creer en los milagros que aparecen en la Biblia. Deberíamos basar nuestras creencias en lo que la gente *realmente* ve y experimenta y no en lo que *no* han vivido personalmente. Así como las diez personas que nunca fueron testigos del crimen no producirían ninguna influencia directa en la decisión de la corte (sólo podría llegar a otorgárseles un valor indirecto o circunstancial o quizá ninguno en absoluto), de la misma manera la gran cantidad de personas que jamás han experimentado milagros no debería influir en el hecho de creer en estos o no.[7]

Conclusión

Los milagros juegan un papel importante en el plan de Dios para alcanzar a un mundo perdido y que está buscando respuestas. Nos proporcionan la evidencia necesaria para respaldar lo que Jesús dijo acerca de sí mismo y glorifican a Dios. Sin la existencia de estas acciones especiales de Dios nos quedaríamos sin ninguna prueba confirmatoria que demuestre que el cristianismo es la verdad. La clase de evidencia que Dios nos ha dejado supera ampliamente en calidad a la de cualquier otra religión. De hecho, los milagros son aquello que separa al cristianismo de la hueste de religiones que existen aparte de él.

Repaso

1. ¿Cuál es la definición de *milagro*?_____

_____

_____

_____

_____

2. Escribe varias características de los milagros._____

_____

_____

_____

_____

3. ¿Por qué deben los creyentes defender el hecho de que los milagros son posibles? _____

_____

_____

_____

_____

4. ¿Cómo se diferencian los milagros de la magia?_____
_____
_____
_____
_____
_____
_____

5. ¿Qué propósito tienen los milagros?_____
_____
_____
_____
_____
_____
_____

6. ¿De qué manera los milagros glorifican a Dios?_____
_____
_____
_____
_____
_____
_____

7. ¿Por qué debemos creer que los milagros son posibles?_____
_____
_____
_____
_____
_____
_____

CAPÍTULO 9
¿Se puede confiar en el Nuevo Testamento?

Situación

Al día siguiente en la escuela, Pedro, Yanina, Juan y Sara están almorzando juntos mientras hablan acerca del cristianismo.

Sara: ¡Estas hamburguesas están buenísimas!

Yanina: Sí, ya no puedo comer más. Gracias a Dios por las hamburguesas.

Juan: Hablando de Dios, ¿de qué manera sabemos cómo es realmente? Quiero decir que todos escriben libros acerca de Él y cada uno tiene su propia opinión. ¿Dónde está la verdad?

Yanina: En la Biblia.

Pedro: Sí, la Biblia nos dice todo acerca de Dios y de Jesús, en especial el Nuevo Testamento porque registra lo que Jesús hizo y dijo.

Sara: Pero, ¿cómo sabemos que el Nuevo Testamento no se ha corrompido ni ha cambiado con el paso de los años? ¿Se puede confiar en él? Después de todo, lo escribió el hombre.

Pedro: Eehhh…

Preguntas

- ¿Ofrece el Nuevo Testamento un relato verídico de lo que realmente sucedió?
- ¿Cómo sabes o averiguas si una persona está diciendo la verdad acerca de un acontecimiento?
- ¿Piensas que el Nuevo Testamento es históricamente confiable?

Propósito

Establecer que el Nuevo Testamento es históricamente confiable presentando diversas evidencias que lo respaldan.

Objetivo

Entender el papel crucial que cumple el Nuevo Testamento al proporcionarnos información histórica, científica y espiritualmente confiable acerca de la deidad de Cristo (ver cap. 10) y la inspiración de las Escrituras (ver cap. 12).

En este capítulo aprenderás...

- que las declaraciones históricas y científicas del Nuevo Testamento acerca de personas, lugares y eventos son tan importantes como las declaraciones espirituales referentes al perdón y la vida después de la muerte,
- que tenemos una buena razón para creer que el Nuevo Testamento que tenemos hoy en día es una copia confiable de lo que decía el texto original,
- que hay a disposición una gran cantidad de piezas de evidencia tales como los manuscritos, la arqueología, la historia, la profecía y la ciencia para demostrar la confiabilidad del Nuevo Testamento,
- que el presunto conflicto entre la Biblia y la ciencia no se debe a los hechos sino, más bien, a las interpretaciones conflictivas realizadas por científicos y teólogos falibles.

Los capítulos previos han demostrado que (1) la apologética es necesaria, (2) hay una verdad acerca de Dios que se puede conocer, (3) hay buenas razones para creer que Dios existe, (4) Dios tiene propósitos para el mal y (5) los milagros son reales. En la mayor parte de nuestro estudio no se han utilizado las Escrituras como respaldo en caso de que haya alguien que no cree que la Biblia sea cierta. Estos capítulos anteriores deberían fortalecer nuestra capacidad de razonamiento convirtiéndola en una herramienta sustentadora para reforzar y aclarar los principios bíblicos.

Dirijamos ahora nuestra atención al primer tema de nuestro tercero y definitivo paso de la meta apologética: la confiabilidad del Nuevo Testamento. Queremos saber si se puede confiar en las Escrituras en relación a lo que dicen acerca de sí mismas, de Jesús y de eventos históricos tales como la resurrección. Una vez que se establezca la confiabilidad del Nuevo Testamento, entonces podemos ver qué dice acerca de la deidad de Cristo (ver cap. 10) y la inspiración de las Escrituras. Esto es necesario porque sin un Nuevo Testamento confiable, no existe información fidedigna acerca de la naturaleza divina de Jesús y el carácter inspirado de las Escrituras.

¿Por qué es importante?

A muchos de nosotros no nos sorprende que algunas personas no crean que el Nuevo Testamento sea la Palabra de Dios. En consecuencia, no se puede ignorar la importancia de defender su confiabilidad. Si el Nuevo Testamento está equivocado en cuanto a alguna cosa, ya sea que se trate de un error histórico, científico, espiritual o incluso matemático, entonces el carácter exento de error propio de Dios se ha degradado al nivel humano. La lógica es clara: si Dios no puede tener errores, y la Biblia es la Palabra de Dios, entonces, la Biblia no puede tener errores. Si alguien no cree que el Nuevo Testamento dice la verdad acerca de cuestiones *terrenales* tales como la historia y la ciencia, ¿cómo va a creer el mensaje *celestial* del perdón de pecados?

Si el Nuevo Testamento está equivocado en cuanto a temas terrenales que se pueden corroborar fácilmente (como es el caso de los eventos históricos), entonces sería irracional que alguien creyera en las Escrituras cuando hablan de cosas espirituales invisibles (tales como el perdón, la vida después de la muerte y los ángeles) que no se pueden verificar con tanta facilidad. Jesús dejó bien en claro este tema cuando le habló a Nicodemo diciendo: "Si os he dicho cosas terrenales, y no creéis, cómo creeréis si os dijere las celestiales?" (Juan 3:12). Si la gente no puede confiar en el Nuevo Testamento para las cosas simples, ¿cómo lo hará en el caso de las más complejas? De manera similar, sin un Nuevo Testamento confiable, desde el punto de vista histórico no hay manera de saber quién es Jesús ni lo que dijo ni lo que hizo.

¿No puede la Biblia defenderse a sí misma?

No a todos los creyentes les parece necesario mostrar evidencias en cuanto al Nuevo Testamento porque creen que, si es la Palabra de Dios, entonces permanecerá y hablará por sí misma. Después de todo, la Palabra de Dios es "viva y eficaz" (Heb. 4:12). Es cierto, si la Biblia es la

Palabra de Dios, hablará por sí misma; pero ¿cómo sabemos que la copia que tenemos en nuestros días es una representación exacta de la Palabra de Dios original que se escribió hace dos mil años? Los mormones, los musulmanes, los budistas, los hindúes y otros dicen que sus Escrituras hablan por sí mismas. ¿Cómo descubrimos en qué libro se puede confiar? Debemos observar las *evidencias* a fin de descubrir si debemos creer en el Nuevo Testamento.

Todos nosotros tuvimos una razón por la cual creímos que el Nuevo Testamento nos estaba diciendo la verdad, en vez de confiar en algún otro libro religioso o cuento de hadas. Tal vez haya sido porque el mensaje de las Escrituras simplemente estaba de acuerdo con el sentido común y porque poseía un poder que nunca habíamos experimentado en la vida. Quizá los libros de historia te hayan confirmado los acontecimientos históricos de las Escrituras. ¿Habrá sido el reflejo de Jesús destellando dentro de la persona que te testificó? Cualquiera haya sido la razón para creer, una cosa es evidente: Dios nos manda que utilicemos la razón (Isa. 1:18; Mat. 22:37) para determinar la diferencia entre la verdad y el error (1 Jn. 4:6) y entre lo correcto y lo incorrecto (Heb. 5:14).

¿Cómo podemos confiar en el Nuevo Testamento cuando tiene dos mil años de antigüedad?

Los escritores del Nuevo Testamento comenzaron su tarea durante el primer siglo después de la muerte y resurrección de Jesús. ¡Guau! Eso fue hace mucho tiempo. Los materiales de escritura generalmente se deterioran y desintegran después de algunos cientos de años. ¿Qué hace que el Nuevo Testamento sea tan especial? Su mensaje perdurable ha sobrevivido la prueba del tiempo y hay varias razones por las cuales ha sido así.

Primero, el Espíritu Santo de Dios ha supervisado la Biblia desde el principio, a fin de asegurarse de que las generaciones posteriores la tuvieran para poder leerla. En otras palabras, es *indestructible* (Mat. 5:17-18) e *inquebrantable* (Juan 10:35).

Segundo, la Biblia ha sobrevivido a través de los años porque ha sido copiada una y otra vez. A los hombres que la copiaban se los llamaba "escribas". Ellos tomaban la Biblia y copiaban cada palabra durante un período de varios meses con el máximo cuidado y reverencia. Las copias que hacían se llamaban "manuscritos". Los manuscritos son importantes no sólo porque preservan las Escrituras para generaciones futuras, sino también porque permiten que los investigadores y estudiosos de la

Biblia puedan reunir cientos y miles de ellos con el objeto de compararlos y descubrir el grado de veracidad que poseen. Por ejemplo, si a un manuscrito que se copió en Egipto le falta un versículo, un erudito bíblico lo podría comparar con los que se copiaron en Israel a fin de encontrar la porción faltante. Cuanto más manuscritos hay para comparar, mejor es el resultado.

Apliquemos esta idea a algo que todos conocemos bien: los libros de texto. ¿Qué sucedería si a tu guía de estudio de apologética le faltara una página? Para descubrir lo que decía esa hoja tendrías que conseguir otro manual a fin de completar la información que falta. El proceso es igual en el caso del Nuevo Testamento. Como no tenemos los escritos originales, entonces los eruditos comparan los manuscritos con el propósito de reunir lo que decía la copia original.

El Nuevo Testamento solo tiene más de 5.600 manuscritos en griego. El griego fue el idioma original en que se escribió. Hay por encima de quince mil manuscritos más en otros idiomas diferentes. Estos manuscritos son la evidencia que nos comprueba que nuestro Nuevo Testamento es esencialmente igual al que se escribió hace dos mil años.

Ninguna otra pieza de la literatura antigua se puede jactar de tener tanta cantidad de manuscritos. La conclusión es clara. Si los incrédulos no pueden confiar en el Nuevo Testamento porque no pueden estar seguros de que representa los escritos originales, entonces deben rechazar también toda la historia, la ciencia, la filosofía y la poesía de la antigüedad debido a que la evidencia proporcionada por sus manuscritos es inferior.

¿Podemos confiar en el Nuevo Testamento si no tenemos los escritos originales?

La respuesta es ¡*sí*! Podemos confiar en el Nuevo Testamento porque tenemos *copias buenas*. No necesitamos los originales para poder preservar el mensaje de las Escrituras. En el Nuevo Testamento tal como lo tenemos en nuestros días, poseemos la Palabra de Dios y la verdad completa y vital de los originales. Por ejemplo, ¿cuestionarías la confiabilidad de la Declaración de la Independencia o de la Constitución de los Estados Unidos si se destruyeran o se perdieran? Desde luego que no. ¿Por qué? Porque tenemos copias que representan lo que decía el original. Lo mismo sucede en el caso de las Escrituras; no hay razón para dudar de lo que nos traspasaron los escritores originales porque tenemos miles de copias.

¿Dice el Nuevo Testamento la verdad acerca de la historia?

Actualmente hay muchas personas que creen que el Nuevo Testamento nos dice la verdad cuando habla acerca de temas espirituales tales como el pecado, la salvación y la vida después de la muerte. Sin embargo, no está limitada a verdades espirituales. Va más allá de ellas hasta alcanzar áreas históricas y científicas. Sí, la Biblia es cierta cuando se refiere a conceptos espirituales, históricos y científicos. Este es un punto muy importante. Después de todo, si los escritores del Nuevo Testamento no nos dicen la verdad acerca de personas, lugares y eventos, ¿cómo podemos confiar en lo que dicen acerca de temas espirituales (Juan 3:12)? Cuando cuestionamos la veracidad histórica de la Biblia, también estamos procurando descubrir si el Nuevo Testamento que poseemos hoy en día es una fuente confiable en relación a Jesús. En otras palabras, ¿hizo y dijo Jesús realmente todo lo que está escrito acerca de él? Hay varias razones por las cuales creemos que el Nuevo Testamento es históricamente fidedigno.

En primer lugar, tal como se declaró antes, el Nuevo Testamento contiene registros de testigos visuales de las obras y las palabras de Jesús. Estas personas estuvieron al lado de Jesús; lo vieron y lo escucharon en persona (Luc. 1:1-4; Juan 19:35; 21:24; 2 Ped. 1:16; 1 Jn. 1:1-4). En la sociedad actual los testigos visuales son importantes porque ayudan a la justicia a descubrir quién está diciendo la verdad. El sistema judicial de los Estados Unidos valora el testimonio de estos testigos presenciales. En consecuencia, si alguien rechaza los relatos de los testigos visuales del Nuevo Testamento, también debe rechazar el papel de quienes cumplen esa misma función dentro de nuestro sistema judicial.

En segundo lugar, los historiadores romanos no cristianos respaldan la confiabilidad de las Escrituras por medio de sus registros escritos. A un historiador de estos llamado Tácito, el cual vivió a lo largo de los reinados de, por lo menos, seis emperadores romanos (56-120 d.C.), se lo conoce mucho por sus dos libros denominados *Histories* [Historias] y *Annals* [Anales]. En estos libros hace referencia a eventos que ocurrieron en los Evangelios (Mateo, Marcos, Lucas y Juan). La lista siguiente de acontecimientos del Nuevo Testamento muestra una concordancia notable con las referencias históricas no cristianas.[1]

1. A los creyentes se les dio el nombre de su fundador: "Cristo" (cristianos; ver Hech. 11:26; 26:28).

2. Jesús fue ejecutado durante el reinado de Tiberio (ver Luc. 3:1) por el gobernador de Judea, Poncio Pilato (ver Luc. 23:24-25).

3. El mensaje del evangelio se llevó a Roma (ver Hech. 28:16).

4. A los cristianos los perseguían y los clavaban en cruces (ver Juan 15:20).

5. Se perseguía a los creyentes y utilizaban animales salvajes para matarlos (ver Heb. 11).

El historiador romano no cristiano Seutonio (nacido en 70 d.C.) en sus escritos hace referencia a Jesús y a los cristianos. A Seutonio se lo conoce bien por *Twelve Caesars* [Los doce Césares], libro en el cual escribe acerca de los eventos que rodearon los reinados de doce emperadores romanos, desde Julio César hasta Domiciano. Hace referencia a estas dos cosas:[2]

1. El emperador Claudio les dijo a los judíos de Roma que se alejaran de la ciudad porque los acusaban de ciertos disturbios, a los cuales los había instigado Cristo (ver Hech. 18:2).

2. El emperador Nerón perseguía y torturaba a los cristianos (ver Hech. 26:28).

Luego tenemos a Josefo, historiador judío que trabajaba para el gobierno romano. Sus escritos históricos también indican que el Nuevo Testamento es confiable. Por ejemplo, Josefo menciona a Jacobo como el hermano de Jesús (ver Mat. 13:55; Hech. 15:13) y a Poncio Pilato como el que condenó a Jesús a la cruz (ver Luc. 23:24-25). También habla del ministerio de Juan el Bautista (ver Juan 1) y de Jesús mismo.

Todos los ejemplos anteriores proporcionados por historiadores no cristianos deberían abrirnos los ojos en cuanto al carácter fidedigno de la Biblia. Observa lo que dice acerca del relato histórico del libro de los Hechos el historiador A. N. Sherwin-White, quien se especializa en historia romana: "La confirmación de la historicidad de los Hechos es abrumadora… cualquier intento de rechazar su historicidad aun en cuestiones de detalles debe considerarse en este momento algo absurdo. Los historiadores romanos la han dado por hecho hace mucho tiempo".[3]

En tercer lugar, la fecha temprana que se le atribuye al Evangelio de Lucas y al libro de los Hechos nos da una buena razón para creer que el escritor fue un testigo visual confiable o contemporáneo de los eventos registrados. El historiador romano Colin J. Hemer proporciona la siguiente evidencia crucial de que el libro de los Hechos se escribió entre los años 60 y 62 d.C.[4]:

1. En los Hechos no se menciona la caída tremenda de Jerusalén en el año 70 d.C.

2. No se hace mención del estallido de la guerra judía en el año 66 d.C. ni del deterioro de las relaciones entre los romanos y los judíos.

3. No existe ninguna insinuación del deterioro de las relaciones de los cristianos con Roma durante las persecuciones realizadas por Nerón a fines de los años 60.

4. No hay ninguna mención de la muerte de Jacobo en manos del Sanedrín en el año 62.

5. La prominencia y autoridad de los saduceos en los Hechos refleja una fecha anterior al año 70, previa al colapso de su cooperación política con Roma.

6. Lucas da detalles de la cultura correspondiente a un período temprano de la época de Julio y Claudio (Hech. 18:2).

7. Las áreas de controversia que se describen presumen que el templo aún permanecía en pie.

8. El tono seguro de los Hechos torna improbable que se haya escrito durante la persecución que Nerón llevó a cabo contra los cristianos y la guerra que los judíos tuvieron con Roma a fines de la década del 60.

Además, Hemer presenta una lista de numerosos detalles específicos en cuanto a lugares, nombres, condiciones, costumbres y circunstancias que respaldan la naturaleza histórica del relato presencial de los eventos que Lucas registra en los Hechos.[5] Muchas de estas cosas se han confirmado por medio de la investigación histórica y arqueológica, incluyendo lo siguiente:

1. Un cruce natural entre puertos correctamente mencionados (Hech. 13:4-5).

2. El puerto fluvial apropiado, Perge, para un cruce en barco desde Chipre (13:13).

3. La ubicación correcta de Licaonia (14:6).

4. La declinación inusual pero correcta del nombre *Listra*, el idioma correcto que se hablaba en Listra, y el nombre exacto de los dos dioses asociados con la ciudad, Júpiter y Mercurio (14:11-12).

5. El puerto apropiado, Atalia, para los viajeros que regresaban (14:25).

6. La ruta correcta desde las Puertas Cilicianas (16:1).

7. La forma apropiada del nombre *Troas* (16:8).

8. El punto de referencia destacado de los navegantes en Samotracia (16:11).

9. La identificación correcta de Filipos como colonia romana y la ubicación exacta del río Gangites cerca de esa ciudad (16:13).

10. La asociación de Tiatira con el teñido de telas (16:14) y la designación correcta de los títulos correspondientes a los magistrados de la colonia (16:20,35-36,38).

11. Los lugares apropiados (Anfípolis y Apolonia) donde los viajeros pasaban algunas noches durante los viajes (17:1).

12. La presencia de una sinagoga en Tesalónica (17:1) y el título correcto de *politarco* para las autoridades (17:6).

13. La explicación correcta de que el viaje por mar es la forma más conveniente de llegar a Atenas durante el verano debido a los vientos favorables del oriente (17:14).

14. El culto bien reconocido a Diana de los efesios (19:24,27) y que el teatro efesio era el lugar de reunión de la ciudad (19:29).

15. La correcta identificación de Ananías como sumo sacerdote (23:2) y de Félix como gobernador (23:34).

16. El acuerdo con Josefo en cuanto al nombre *Porcio Festo* (24:27).

17. La identificación apropiada de las mejores rutas de navegación de esa época (27:4).

18. La correcta descripción de la grave responsabilidad que recaía sobre los guardias que permitían que escapara un prisionero (27:42).

19. Una descripción precisa de las personas y las supersticiones locales (28:4-6).

20. La práctica común de ser custodiado por un soldado romano (28:16) y las condiciones de encarcelamiento a expensas de la propia persona (28:30-31).

La confirmación abrumadora de estos detalles proporciona evidencia de que el libro de los Hechos es histórico. Ningún otro libro antiguo posee esta cantidad de aseveraciones detalladas. Lo que es más aún, no sólo es confirmación de los Hechos; también lo es en forma indirecta de los otros evangelios puesto que Lucas asimismo escribió su evangelio antes del año 60 d.C., y es un paralelo de Mateo y de Marcos.

En cuarto lugar, la ciencia de la arqueología provee más evidencias en cuanto a que el Nuevo Testamento es confiable en cuestiones de historia. Los arqueólogos procuran recuperar restos perdidos y sepultados de civilizaciones antiguas a fin de poder llegar a entender su historia y cultura. Estos restos pueden ser construcciones, vasijas, monedas, inscripciones en piedras, utensilios o inclusive armas. Todos estos hallazgos se pueden utilizar para demostrar la confiabilidad de las Escrituras. A continuación aparecen algunos ejemplos de evidencias arqueológicas que respaldan a la Biblia:

1. El enlosado que se menciona en Juan 19:13 se descubrió recientemente en la corte de la Torre Antonia (que es un fuerte militar).

2. La existencia del "estanque de Betesda" que se menciona en Juan 5:2 sólo se registra en el Nuevo Testamento. Sin embargo, en 1888 se

encontró parte del estanque mientras se hacían excavaciones cerca de la Iglesia de Santa Ana.

3. Los descubrimientos desenterrados por el arqueólogo Sir William Ramsey dieron confirmación en cuanto al período que se menciona en Lucas 2:2 referente al gobernador Cirenio. Se encontraron escritos que cuentan que Cirenio fue gobernador de Siria en dos ocasiones diferentes.

4. La mención de "Pilato", el cual juzgó a Jesús.

A la luz de estos descubrimientos, observa lo que han dicho los arqueólogos en relación a la Biblia:

- Nelson Glueck declara: "Se puede declarar categóricamente que ningún descubrimiento arqueológico ha estado jamás en contraposición con una referencia bíblica. Se han efectuado cientos de hallazgos arqueológicos que confirman con un claro resumen o un detalle exacto las declaraciones históricas que aparecen en la Biblia".[6]

- Millar Burrows afirma: "Más de un arqueólogo ha hallado que su respeto hacia la Biblia se ha incrementado a través de la experiencia de efectuar excavaciones en Palestina".[7]

- Sir William Ramsey dice: "Lucas es un historiador de primera categoría; sus declaraciones en cuanto a los hechos no son meramente confiables… a este autor se lo debería ubicar junto a los historiadores más grandiosos".[8]

- William F. Albright registra: "Aparte de algunos intransigentes que se encuentran entre los antiguos eruditos, casi no existe ni un solo historiador bíblico que no se haya sentido impresionado por la rápida acumulación de información que respalda la historicidad fundamental de la tradición patriarcal".[9]

La historia es sumamente importante para la doctrina cristiana. ¿Por qué? Porque Jesús efectuó a menudo declaraciones históricas que sirvieron como *señal* o *fundamento* para la doctrina cristiana. Por ejemplo, cuando los buscadores de milagros se acercaron a Jesús, éste les respondió diciendo en Mateo 12:39-40: "…señal no le será dada, sino la señal del profeta Jonás. Porque como estuvo Jonás en el vientre del gran pez tres días y tres noches, así estará el Hijo del Hombre en el corazón de la tierra tres días y tres noches". Jesús hizo una declaración histórica al referirse a los acontecimientos de Jonás y utilizarlos como señal de su propia resurrección que se avecinaba. Observa la conexión entre la *historia* y la *doctrina* cristiana de la resurrección. Si el evento histórico de Jonás no hubiese sido cierto, ¿cómo podría llegar a ser una señal de la resurrección de Jesús para los incrédulos?

La verdad del asunto es evidente: sin historia no hay cristianismo. Por ejemplo, sin los acontecimientos históricos de la muerte de Jesús en la cruz y su resurrección no hay perdón de pecados. Sin el nacimiento virginal histórico, no existe ningún Jesús que haya predicado hace dos mil años en Palestina. La historia, junto al exclusivo sistema de creencias del cristianismo, es el ingrediente esencial que separa al cristianismo histórico de la mitología y las fábulas. A diferencia de las otras religiones, el cristianismo depende de la confiabilidad histórica de eventos y milagros de importancia trascendental.

¿Es la Biblia científicamente cierta?

¡Sí! En primer lugar, tal como acabamos de observar, la ciencia de la arqueología confirma a la Biblia. Además, las Escrituras han efectuado declaraciones científicas asombrosas acerca del universo tres mil años antes de que la ciencia moderna descubriera estas verdades. Aunque la Biblia no es un libro de texto científico que se utilizaría en la clase de biología, una de las grandes maravillas que la caracteriza es su respetabilidad científica. Aunque algunos no están de acuerdo y declaran que la Biblia es "no científica", la postura cristiana opina que es simplemente "precientífica". Por esta razón, hay muchas personas que ven a la Biblia y a la ciencia como dos enemigos muy diferentes que procuran destruirse mutuamente.

En realidad, la Biblia y la ciencia están íntimamente relacionadas. Debemos recordar que Dios creó todo el mundo natural –el universo (Gén. 1:1), que constituye el campo de la ciencia– como así también las verdades de la Biblia (2 Tim. 3:16). La Biblia y la ciencia no se pueden separar porque ambas son revelaciones de Dios. ¿Por qué, pues, hay tanto desacuerdo entre la ciencia y la Biblia? Al responder esta pregunta es importante entender que no existe ningún conflicto *real* entre la Biblia y la naturaleza. Tal como sabemos, Dios no puede estar en conflicto consigo mismo y no puede haber ninguna contradicción entre la naturaleza y la Biblia porque ambas son revelaciones de Dios.

Así que, ¿dónde está el aparente conflicto entre la ciencia y la Biblia? Se halla entre la interpretación que los científicos poseen de la naturaleza y la que los teólogos tienen de la Biblia. Tanto la ciencia como la Biblia incluyen hombres y mujeres que cometen errores cuando interpretan sus datos. El conflicto yace en las conclusiones falibles a las cuales ellos llegan y no en la Biblia o la naturaleza en sí mismas. La guerra entre la Biblia y la naturaleza es *interpretativa*, no de hecho.

A continuación aparecen algunos ejemplos de conocimiento científico que la Biblia expuso con mucha anterioridad:

1. El ciclo del viento y del agua (Ecl. 1:6-7).
2. Las leyes de higiene (Lev. 13-15; Núm. 19).
3. El fondo del océano cubierto de montes y valles (Job 38:16; Sal. 18:15; Jon. 2:6).
4. Los océanos con corrientes submarinas (Gén. 7:11: Prov. 8:28).
5. La tierra creada con forma esférica o circular (redonda) (Isa. 40:22).
6. El nombre y funcionamiento de las constelaciones (Job 9:9; 38:31).
7. Las leyes de la agricultura (Ex. 23:10-11).
8. La creación del hombre a partir del polvo (Gén. 2:7).
9. El principio del universo (Gén. 1:1).
10. El hecho de que el universo se está desgastando (Sal. 102:25-27).

Hay muchos ejemplos más que demuestran la precisión y consistencia que la Biblia tiene con la ciencia moderna.

El último punto que se considerará dentro de esta sección es, tal vez, el más importante: la ciencia nunca se puede separar del Nuevo Testamento porque Jesús a menudo utilizó declaraciones científicas que están directamente asociadas con la doctrina cristiana. Por ejemplo, Jesús habló acerca de la doctrina del matrimonio señalando que Dios en el principio hizo a los seres humanos "varón y hembra" (Mat. 19:1-4). Esta es una declaración *biológica* que no se puede separar de la moral que Él estableció para el matrimonio a menos que se dañe la doctrina o la declaración científica. Este enunciado constituye el fundamento sobre el cual tiene que producirse el matrimonio tradicional, a saber, entre un hombre y una mujer.

¿Puede la Biblia predecir el futuro?

La capacidad que tiene la Biblia para predecir el futuro es una de las razones más poderosas para creer que sus manuscritos son confiables. La capacidad de predecir eventos futuros se denomina "profecía". El papel de los profetas bíblicos no era solamente alentar a la gente y enseñarle sino también predecir acontecimientos futuros dentro del plan divino.

La profecía bíblica es totalmente diferente de las predicciones vagas y sombrías de los que leen la mente, los que practican la astrología y los que adivinan la suerte, que en la mayoría de los casos son premoniciones específicas erróneas. La profecía bíblica tiene un porcentaje de *éxito* del 100% mientras que la de los videntes, los astrólogos y los adivinadores de la suerte es de un 90% de *fracaso*[10]. Ahora que sabes esto, ¿en qué confías tú?

La Biblia contiene una abundancia de profecías que posteriormente se cumplieron hasta en el más mínimo detalle. Este rasgo asombroso de las Escrituras demuestra que Dios sabe todo y que tiene pleno control sobre los eventos pasados y futuros (Isa. 46:9-10; 48:3-5; 2 Ped. 1:19-21). A continuación aparecen varios ejemplos de profecías cumplidas minuciosamente:

1. Jesús nació en Belén (Miq. 5:2; comparar con Mat. 2:1).

2. Jesús era de la tribu de Judá (Gén. 49:10).

3. Jesús era descendiente de la casa de David (Jer. 23:5; comparar con Luc. 3:23,31).

4. Jesús nació de una mujer virgen (Isa. 7:14; comparar con Mat. 1:18,24-25).

5. Jesús entró en Jerusalén cabalgando sobre un asno (Zac. 9:9; comparar con Luc. 19:35-37).

6. Jesús fue traicionado por treinta piezas de plata (Zac. 11:12; comparar con Mat. 26:15).

7. Jesús fue traspasado (Zac. 12:10; comparar con Juan 19:34).

8. Jesús fue herido y molido por nuestros pecados (Isa. 53:5; comparar con Mat. 27:26).

9. Jesús fue golpeado y escupido (Isa. 50:6; comparar con Mat. 26:67).

10. Jesús sería el que purificaría el templo (Mal. 3:1; comparar con Mat. 21:12ss.).

11. Jesús sería rechazado por los judíos (Sal. 118:22; comparar con 1 Ped. 2:7).

12. Jesús padecería una muerte humillante (Sal. 22 e Isa. 53; comparar con Mat. 27:27ss.).

13. Israel fue restaurada como nación (Ezeq. 36; ocurrió el 14 de mayo de 1948).

14. Jesús resucitó de los muertos (Sal. 2:7: 16:10; comparar con Hech. 2:31 y Mar. 16:6).

Jesús ha cumplido personalmente casi doscientas profecías. Muchas de las profecías restantes relacionadas con Él giran alrededor de su segunda venida y el período de la tribulación. Dios ha demostrado el conocimiento que posee de todas las cosas y su dominio completo del pasado, el presente y el futuro, proclamando el fin desde el principio (Isa. 46:10). El carácter profético de las Escrituras tal cual se cumple en el Nuevo Testamento ciertamente nos da una buena razón para creer que es digno de nuestra confianza.

Repaso

1. Escribe tres razones por las cuales es importante demostrar la confiabilidad del Nuevo Testamento.

(1)_____

_____

(2)_____

_____

(3)_____

_____

2. ¿Qué son los manuscritos? ¿Por qué constituyen una muestra de evidencia importante de la confiabilidad del Nuevo Testamento?

_____

_____

_____

_____

3. ¿Qué fuentes no cristianas se podrían utilizar para demostrarles a los incrédulos que el Nuevo Testamento concuerda con lo que los historiadores dicen acerca del pasado?

_____

_____

_____

_____

4. ¿Qué función cumple la arqueología para demostrar que el Nuevo Testamento es confiable?_____

_____

_____

_____

5. ¿Por qué la confiabilidad del Nuevo Testamento es un eslabón crucial en la demostración de la deidad de Cristo y el origen divino de las Escrituras?_____

_____

_____

_____

6. ¿Qué papel desempeña la profecía bíblica en la comprobación de la confiabilidad del Nuevo Testamento?_____

_____

_____

_____

CAPÍTULO 10
¿Jesús es Dios?

Situación

Una semana más tarde, Pedro y Juan se están preparando para jugar al baloncesto en la clase de educación física.

Juan: No he jugado al baloncesto desde el verano pasado.

Pedro: Yo tampoco, pero estoy ansioso por empezar a jugar y bloquear a algunos lanzadores. ¡Uaahh!

Juan: Sí, claro, como quieras. Oye, estuve pensando en el hecho de que toda la evidencia del Nuevo Testamento es confiable, así que fui a la biblioteca y leí parte de un libro que decía que Jesús es un hombre. Luego, en otra parte decía que Jesús es Dios. Suena contradictorio. ¿Qué es? ¿Hombre o Dios?

Pedro: Bueno… eehhh…

Preguntas

- ¿Quién era Jesús?
- ¿Qué era Jesús?
- ¿Cómo describirías a Jesús al hablar con un incrédulo?

Propósito

DProporcionar una comprensión apropiada de la naturaleza divina de Jesús y su posición única dentro de la Deidad.

Objetivo

Percibir el misterio que rodea a la persona de Cristo y aprender a comunicar respuestas a las objeciones que desafían su naturaleza divina.

En este capítulo aprenderás...

- que Jesús es Dios en carne humana,
- que los nombres y los títulos que se le aplican al Padre también le corresponden a Jesús,
- que Jesús poseía dos naturalezas distintas, una divina y otra humana, ambas unidas en una persona,
- que la Trinidad consiste en tres personas diferentes (Padre, Hijo y Espíritu Santo) unidas en una naturaleza divina,
- que cuando Dios se convirtió en hombre en la persona de Jesucristo, no se quitó la naturaleza divina sino, más bien, le agregó una naturaleza humana,
- que Jesús nos dio una buena razón para creer que era Dios a través de los milagros que realizó y de su resurrección física de entre los muertos,
- que la palabra *Hijo* en la frase "Hijo de Dios" no hace referencia a que Jesús poseyera una naturaleza menor que la de Dios sino, más bien, a la función, posición u oficio que ocupa dentro de la Trinidad.

La verdad del cristianismo reposa en la veracidad de Jesucristo. ¿Quién es Él? Este capítulo te ofrecerá diversas evidencias que respaldan que Él era Dios en carne humana. La vida sin pecado y milagrosa de Jesús, el cumplimiento de la profecía mesiánica (cap. 9) y la resurrección corporal de entre los muertos (cap. 11) proveen la evidencia necesaria para respaldar las declaraciones referentes a Él.

Hay muchas personas que tienen problema para aceptar la declaración radical de Jesús en cuanto a la deidad. Algunos están contentos siguiendo sencillamente el programa cristiano que les han presentando, hasta que se menciona a Jesús. En ese momento entra en escena un sentimiento de incomodidad en el que tus amigos o maestros te miran disgustados como si tuvieras tres cabezas y acabaras de decir algo desagradable.

Estas miradas problemáticas provienen de aquellos a los cuales les resulta difícil aceptar la posición exclusiva de Cristo en un mundo que cree que todos los líderes religiosos se encuentran en un mismo nivel de importancia. Esta creencia desafía la esencia misma del cristianismo, a saber, que Jesús es el único Hijo de Dios (Juan 3:16).

Todo creyente necesita pensar en formas eficaces de responderles a aquellos que les resulta difícil creer que Jesús posee una posición exclusiva aparte de todos los demás. Puesto que ya hemos demostrado que el Nuevo Testamento es un registro confiable de los escritos originales (ver cap. 9), el mejor lugar en el cual empezar es con lo que dice acerca de Jesús.

¿Por qué es importante la deidad de Cristo?

A través de los siglos ha habido tres puntos de vista fundamentales acerca de quién es Jesús.

1. Jesús es Dios pero no hombre.
2. Jesús es un buen hombre pero no es Dios.
3. Jesús es plenamente Dios y plenamente hombre.

La tercera opinión es la que creen los cristianos, o sea, que Jesús es tanto Dios como hombre unidos en una sola persona. Es importante darse cuenta de que la identidad de Jesús como Dios y como hombre se relaciona de manera vital con la obra que llevó a cabo por nosotros en la cruz. Jesús tenía que ser hombre a fin de estar completamente calificado para pagar la deuda del pecado de la humanidad. Esto se debe a que Jesús, en su condición de hombre, nos podía *representar* a nosotros (la parte culpable) delante de Dios, aun cuando Él en sí no tuviese pecado (Heb. 4:15). En otras palabras, puesto que la humanidad ha pecado, entonces el pago lo debe realizar un ser humano (Jesús). Para que este "pago" o "sacrificio" fuese satisfactorio delante de Dios, debía ser absolutamente puro, sin ninguna mancha de pecado. Esta es la razón por la cual Jesús tenía que ser Dios. No existía ningún hombre vivo en la tierra que cumpliera con estas cualidades estrictas (Rom. 3:23). Solamente Dios mismo podía tomar forma de hombre y ofrecerse como el sacrificio impecable y definitivo por nuestros pecados (Juan 3:16; Fil. 2:5-8). Esto aseguraría que el sacrificio fuese aceptable ante el Padre y tuviese *valor infinito*. Este valor infinito posibilitó que el sacrificio de Jesús se aplicara a todas las edades y a todas las personas que lo recibieran. La humanidad y la deidad de Cristo lo convirtieron en el Salvador e Intercesor eterno (1 Tim. 2:5; Tito 2:13: Heb. 7:25).

¿Qué dice la Biblia acerca de quién es Jesús?

La Biblia revela muchas afirmaciones en cuanto a la identidad de Jesús y su relación especial con el Padre (Jehová). El gráfico siguiente mostrará que los nombres y títulos exclusivos que se le aplican al Padre también le corresponden al Hijo (Jesús). Este es un indicador de la identidad común que el Padre y el Hijo comparten como Dios.[1]

Jesús es	El Padre es
el *pastor* (Juan 10:11)	el *pastor* (Sal. 23:1)
el *YO SOY* (Juan 8:24,58; 13:19)	el *YO SOY* (Ex. 3:14; Isa. 43:10)
el *Creador* (Juan 1:3; Col. 1:15-17)	el *Creador* (Gén. 1:1; Isa. 40:22,28)
el *primero y el último* (Apoc. 1:17)	el *primero y el último* (Isa. 44:6)
Dios (Juan 1:1; 20:28; Tito 2:13; Heb. 1:8)	*Dios* (Isa. 43:10; 45:22)
el *Salvador* (Hech. 4:12; Rom. 10:9)	*Salvador* (Isa. 45:21: 43:3,11)
el *perdonador* de pecados (Mar. 2:7,10)	el *perdonador* de pecados (Jer. 31:34)
al que se le dirige en oración (Hech. 7:59)	*al que se le dirige en oración* (Dan. 6)
reconocido como Señor (Fil. 2:10)	*reconocido como Señor* (Sal. 34:3; Isa. 45:23)
adorado por los ángeles (Heb. 1:6)	*adorado* por los ángeles (Sal. 148:2)
adorado por los hombres (Mat. 14:31-33)	*adorado* por los hombres (Ex. 34:14)
inmutable (Heb. 13:8)	*inmutable* (Mal. 3:6)
eterno (Juan 8:58; Heb. 13:8)	*eterno* (Deut. 33:27)
omnisciente (Juan 2:24-25; Juan 4:16-19)	*omnisciente* (Sal. 139:1-6: 1 Jn. 3:20)
omnipresente (Mat. 18:20)	*omnipresente* (Sal. 139:7-12)
omnipotente (Col. 2:10; Mat. 28:18)	*omnipotente* (Sal. 139:13-24)[2]

¿Declaró Jesús ser Dios?

Creer que Jesús es Dios manifestado en carne es esencial para el cristianismo. El justificativo de esta creencia fundamental se encuentra en lo que Él dijo y en la forma en que reaccionaron las demás personas. Las implicancias que surgen de sus declaraciones y sus obras son inconfundiblemente claras: Jesús es Dios. Los siguientes enunciados son condiciones y declaraciones que le pertenecen exclusivamente a Dios.

1. Jesús declaró ser igual a Dios (Juan 5:22-23,26-29; Mar. 2:5-7; comparar con Jer. 31:34).

2. Jesús habló como Jehová (Zac. 12:10: comparar con Juan 19:37).

3. Jesús le da vida a quien le place, así como el Padre lo hace con quien Él desea (Juan 5:21).

4. El apóstol Juan y el apóstol Pablo llamaron Dios a Jesús (Juan 1:1,14; Tito 1:3; 2:13).

5. Jesús afirmó que era uno con el Padre (Juan 10:30-33; 14:7).

6. Jesús se aplicó títulos reservados solamente para Jehová (Apoc. 1:17; comparar con Isa. 42:8; Juan 10:11; comparar con Sal. 23:1; Mat. 25:37ss.; Juan 5:27; comparar con Joel 3:12).

7. Jesús declaró que era el "YO SOY" que se le aplica a Jehová (Juan 8:58; comparar con Ex. 3:14).

8. Jesús aceptó la adoración y dijo que se le debía ofrecer la misma honra y reverencia que se le otorga al Padre (Mat. 14:31-33; 28:16-17; Juan 5:23; 9:38; Heb. 1:6; comparar con Deut. 6:13; 10:20; Ex. 34:14; Mat. 4:10).

9. Jesús dijo que era el Mesías (el cual es Dios) (Juan 4:25-26; comparar con Sal. 110:1-2; Isa. 9:6; Zac. 12:10; Miq. 5:2).

10. Jesús declaró poseer la gloria de Dios (Juan 17:4-5; Mat. 17:1-5; comparar con Isa. 42:8).

11. Esteban dirigió su oración a Jesús cuando lo estaban apedreando (Hech. 7:59-60).

12. Jesús declaró ser omnipresente, omnipotente y omnisciente, atributos correspondientes solamente a Dios (Mat. 28:18,20; Juan 2:25; 4:18; 16:30; comparar Mat. 16:21; Juan 14:23; Ef. 3:17; Col. 1:27).

13. Jesús fue reconocido como el Salvador del mundo (Mat. 26:63-64; Mar. 14:61-62; Juan 4:42; comparar con Isa. 43:3; Tito 2:13).

14. Tomás declaró que Jesús era Señor y Dios (Juan 20:28; Tito 2:13).

¿Cómo puede Jesús ser Dios y hombre?

Después de repasar el gráfico anterior con todos los nombres y los títulos que se asocian con Jesús, puede quedar poca duda en cuanto a la posición bíblica en relación a la naturaleza divina de Cristo. Sin embargo, allí permanecen los pasajes de la Biblia que indudablemente describen a Jesús como hombre. Después de todo, Jesús se cansó y necesitó reposo (Juan 4:6), tuvo sed (Juan 4:7), lloró (Juan 11:34-35) y durmió (Mar. 4:38). También creció en sabiduría y en conocimiento (Luc. 2:52) e inclusive experimentó ser tentado en todas las áreas tal como nos sucede a nosotros (Mat. 4:4-10; Heb. 4:15). Jesús también murió en la cruz (Juan 19).

Esto puede traer a la mente varias preguntas. Si Dios es perfecto en toda sabiduría, conocimiento y poder, ¿puede necesitar todas las cosas que le hicieron falta a Jesús para poder sobrevivir? ¿Puede Dios morir? Si Dios es perfecto, ¿por qué Jesús necesitó algunas cosas?

Las porciones de las Escrituras que *parecen* estar en contradicción con la naturaleza divina de Jesús no constituyen absolutamente ningún problema. Nuestra confusión desaparece cuando nos damos cuenta de que Jesús tenía *dos naturalezas diferentes* unidas en *una persona*. Una de las naturalezas de Jesús era humana y la otra era divina (una explicación adicional aparece más adelante en este capítulo).

Él obró a lo largo de su ministerio aplicando ya sea la naturaleza divina o la humana en función de la voluntad de Dios en cada instante en particular (Juan 5). Es importante recordar que las dos naturalezas de Jesús (divina y humana) no están mezcladas como si fueran un batido de leche y frutas ni tampoco separadas como las vías del ferrocarril. Se tocan entre sí tal como sucede en el caso del triángulo y el círculo que aparecen abajo mientras que, al mismo tiempo, permanecen siendo *distintos*. Así como un triángulo tiene tres vértices diferentes y una naturaleza triangular, de la misma manera la Trinidad también posee tres personas distintas y una naturaleza o esencia divina. El círculo representa la naturaleza humana de Cristo.

El diagrama siguiente ilustra las dos naturalezas de Cristo unidas en una persona: el Hijo.

Al repasar el diagrama anterior, podemos ver que la encarnación de Cristo no presenta más contradicción que el simple hecho de agregarle un círculo a un triángulo. Ten presente que, siempre que hablemos acerca de Jesús, debemos hacer dos preguntas acerca de Él: una pregunta en relación a su *naturaleza divina* (triángulo) y otra sobre su *naturaleza*

humana (círculo). Por ejemplo, si alguien preguntara acerca de si Jesús se cansó, debemos responder que en su humanidad "sí" sucedió pero que en su deidad "no" fue así. ¿Y qué hacemos con la pregunta en cuanto a si Jesús sabía todas las cosas? Se aplica lo mismo: Jesús sabía todas las cosas en su deidad (Juan 1:47-51; 2:24-25) pero no en su humanidad (Luc. 2:52).

A algunas personas les gustaría creer que el Hijo de Dios dejó de lado su naturaleza divina cuando vino a la tierra en forma del hombre Jesús. Esta opinión es incorrecta porque el Hijo no desechó su naturaleza divina; simplemente tomó una humana. Filipenses 2:5-7 dice: "Haya, pues, en vosotros este sentir que hubo también en Cristo Jesús, el cual, siendo en forma de Dios, no estimó el ser igual a Dios como cosa a que aferrarse, sino que se despojó a sí mismo, tomando forma de siervo, hecho semejante a los hombres".

Podemos estar seguros de que Dios no puso a un lado su naturaleza divina. Malaquías 3:6 dice que la naturaleza de Dios no puede cambiar. El Hijo simplemente le agregó humanidad; no cambió ni sustrajo su deidad en el proceso. Aunque éste es un misterio que va *más allá* de nuestra capacidad de comprensión (Rom. 11:33-36), no va *en contra* de nuestra posibilidad de captar esta verdad maravillosa. Dios proveyó un sacrificio aceptable que se podía identificar con nuestra debilidad y, al mismo tiempo, ser lo suficientemente poderoso como para salvarnos del pecado.

Si el Padre, el Hijo y el Espíritu Santo son Dios, ¿tenemos tres Dioses?

Aunque el Padre, el Hijo y el Espíritu Santo son Dios (Juan 8:58; 10:30; Tito 2:13; Hech. 5:1-4), los cristianos no adoran a tres dioses (triteísmo). Algunos se confunden en este punto pero no es necesario que sea así. Simplemente recuerda que hay *tres* personas distintas (Padre, Hijo, Espíritu Santo) dentro de *una* naturaleza divina. Esta relación única dentro de la Deidad se conoce como la Trinidad.

La Trinidad de Dios es una parte importante de la fe cristiana. A primera vista puede sonar como una contradicción (¿tres en uno?). A fin de aclarar nuestro entendimiento en cuanto a la Trinidad, debemos ser conscientes de la diferencia entre *persona* y *naturaleza*. La persona se refiere a *quién* eres y la naturaleza a *qué* eres. Por ejemplo, cada uno de nosotros posee una identidad individual y una personalidad que nos pertenece en forma exclusiva. Esto es "quiénes" somos como individuos. No obstante, también tenemos una naturaleza que corresponde a la especie humana. Esto consiste en "qué" somos. El quién y el qué pueden existir dentro de un mismo ser. Este concepto es similar a la forma en que existe la Trinidad, con la excepción de que hay tres *quiénes* distintos (personas) con un solo *qué* (la naturaleza divina). El diagrama siguiente te puede ayudar a explicar la Trinidad.

Padre
Persona Nº 1 (Quién)

Una
Naturaleza
Divina (Qué)

Hijo
Persona Nº 2
(Quién)

Espíritu Santo
Persona Nº 3
(Quién)

El triángulo nos ayuda a entender más claramente la Trinidad en el hecho de que los tres vértices representan a las personas (quién) que la constituyen. La Trinidad no presenta más contradicción de lo que lo hace un triángulo con tres lados. En un triángulo hay tres vértices distintos. Es una ilustración de la Deidad en el sentido de ser tres personas unidas sin una existencia separada. La superficie interna del triángulo representa la naturaleza divina de Dios (qué es Él). Tal como es razonable creer que un triángulo tiene tres lados, así también sucede con la creencia en un Dios con tres personas (Padre, Hijo y Espíritu Santo). Aunque nuestra mente no puede *comprender* plenamente el obrar interno de Dios (Rom. 11:33-36), por lo menos podemos *captar* la idea. Si tratamos de comprender plenamente la naturaleza infinita de la Trinidad, podemos llegar a perder la mente; no obstante, si no la captamos, podemos perder el alma.

¿La expresión "Hijo de Dios" significa que Jesús es un ser de menor importancia que el Padre?

Cuando leemos que a Jesús se lo denomina el "Hijo de Dios", tal vez nos preguntemos si es igual o inferior a Él. Inmediatamente pensamos en una relación humana entre padre e hijo y las diferencias que acompañan esa relación. ¿Cómo puede un hijo ser igual al padre? Muy simple: el hijo es igual al padre en *naturaleza* (ambos son igualmente humanos) pero son diferentes en cuanto a la *posición* (el padre está en una posición más elevada que el hijo). Esto se puede explicar mirando la frase en forma más detallada y observando la manera en que los escritores de la Biblia la utilizan en otros pasajes. En primer lugar veamos la frase en sí.

Hijo de Dios

Las primeras dos palabras –*Hijo de*– se refieren a la posición o función de Jesús en relación al Padre. Es importante recordar que la condición de Hijo que tiene Cristo es diferente de la correspondiente dentro de la esfera humana en el sentido de que no se adquiere físicamente a través de las relaciones sexuales normales entre esposos. La condición de Hijo que posee Jesús ¡es eterna! Esto significa que la posición de Jesús como Hijo de Dios no es ni biológica ni de parentesco. Jamás existió un instante en que Jesús no haya sido el Hijo de Dios (Prov. 30:4; Juan 3:16-17; 8:54-58; Col. 1:13-17). Es verdad, Jesús fue concebido por el Espíritu Santo y nació nueve meses más tarde; no obstante, la que nació no fue su naturaleza *divina* sino la *humana*. La palabra "de" que forma parte de esta frase significa literalmente "del orden de". Aunque "hijo de" puede en algunos casos referirse a la "descendencia de", también se utiliza para indicar identidad de naturaleza e igualdad de esencia. Esto quiere decir que la frase "Hijo de Dios" significa literalmente que la posición de Cristo como Hijo es según el orden o la naturaleza de Dios. Esta es una declaración de su deidad. En otras palabras, Cristo es igual al Padre en deidad pero menor en función (Jn. 5:18; 10:33).

Aun los judíos que intentaban capturar a Jesús entendían que la frase "Hijo de Dios" significaba que reclamaba ser igual a Dios (ver Juan 5:18; 19:7). Esta igualdad de naturaleza y diferencia de función es similar a la que comparten el hombre y la mujer (ambos son igualmente humanos) pero, aún así, tienen diferentes funciones dentro del orden establecido por Dios en relación al hogar, donde el hombre es la cabeza de la mujer, Cristo la cabeza del hombre y Dios la cabeza de Cristo (1 Cor. 11:3). Tú y yo no somos ni más ni menos humanos que el presidente de los Estados Unidos aunque este tenga una función, posición y oficio mayores. Todos somos igualmente humanos. En el mismo sentido, Jesús es igual a Dios aunque la posición o función del Padre es mayor que la del Hijo.[3]

Jesús es igual al Padre en	El Padre es mayor que Jesús en
esencia	función
naturaleza	oficio
carácter	posición
sustancia divina	relación[4]

Es evidente que la frase se refiere a la deidad de Cristo y que de ninguna manera lo rebaja a una clase de existencia de menor importancia. Solamente existe una diferencia de *posición, función, oficio* y *relación* dentro del orden de la Trinidad.

¿Tenemos pruebas de que Jesús es Dios?

¡Totalmente! La declaración de Jesús en cuanto a ser Dios es uno de los enunciados de la historia antigua que posee mayor respaldo. Hay tres líneas de evidencias que demuestran que Jesús es quien dijo ser.

Primero, la vida sin pecado y milagrosa de Jesús confirma las declaraciones que hizo en cuanto a su deidad. El carácter impecable y justo de la vida de Cristo es, de por sí, una confirmación trascendental. Los enemigos de Jesús presentaron acusaciones en su contra en varias ocasiones a lo largo del Nuevo Testamento. No obstante, tanto los amigos como los enemigos finalmente confesaron estar de acuerdo con la naturaleza sin pecado de Jesús.

1. Poncio Pilato dijo durante el juicio de Jesús: "Ningún delito hallo en este hombre" (Luc. 23:4).

2. El soldado romano expresó durante la crucifixión: "Verdaderamente este hombre era justo" (Luc. 23:47).

3. El ladrón de la cruz que estaba al lado de Jesús afirmó: "Éste ningún mal hizo" (Luc. 23:41).

4. Judas hablaba acerca de Jesús cuando declaró: "Yo he pecado entregando sangre inocente" (Mat. 27:4).

5. Pedro denominó a Jesús "un cordero sin mancha y sin contaminación" (1 Ped. 1:19).

6. Pedro dijo también: "Ni se halló engaño en su boca" (1 Ped. 2:22).

7. Juan llamó a Jesús "justo" (1 Jn. 2:1; comparar con 3:7).

8. Pablo expresó que Cristo "no conoció pecado" (2 Cor. 5:21).

9. El autor de Hebreos dice que Cristo fue "sin pecado" (Heb. 4:15).

10. Incluso Jesús les preguntó a sus acusadores: "¿Quién de vosotros me redarguye de pecado?" (Juan 8:46).

A menudo surge confusión en este punto debido a la competencia que existe entre algunos versículos de la Biblia que declaran que Jesús "por nosotros lo hizo pecado" (2 Cor. 5:21) y otros que dicen que fue "sin pecado" (Heb. 4:15). Pero ¿cómo puede Jesús ser hecho pecado y ser sin pecado? Es importante recordar que este problema se puede resolver distinguiendo los *hechos personales* de Jesús de su *papel sustitutorio*. Un sustituto es una persona que se coloca en el lugar de otra. Esto significa que Jesús no era culpable de ningún pecado *personalmente* pero fue hecho pecado *sustitutivamente*. O sea, por medio de su muerte en la cruz pagó la pena por nuestros pecados, borrando así la sentencia que había en contra nuestra. A Jesús se lo hizo pecado *judicialmente* por nosotros pero no realmente por sí mismo.

Cristo no tuvo pecado	Cristo fue hecho pecado
en sí mismo	por nosotros
personalmente	sustitutivamente
en sentido real	en sentido judicial[5]

Más allá de los aspectos morales de la vida impecable de Jesús, también es evidente la naturaleza milagrosa de su ministerio. Tal como hemos visto en el capítulo 8, los milagros son acciones de Dios que confirman la verdad divina que está asociada con ellos.[6] Las cosas humanamente imposibles que Jesús llevó a cabo nos dan una buena razón para creer que lo que dijo acerca de sí mismo es verdad. Jesús nos dejó pruebas por medio de sus acciones, a diferencia de lo que ha sucedido con muchos otros líderes religiosos que efectúan declaraciones vacías en cuanto sí mismos. Él sanó a los enfermos, resucitó a los muertos, exhibió su poder sobre la naturaleza y caminó por el agua, de todo lo cual hubo testigos visuales que confirmaron todas estas cosas (Luc. 1:1-4; Juan 19:35; 20:30; 1 Cor. 15:6-8). Observa en los versículos siguientes el importante papel confirmatorio que desempeñan los milagros:

- "Pues *para que sepáis* que el Hijo del Hombre tiene potestad en la tierra para perdonar pecados (dijo al paralítico): A ti te dijo: Levántate, toma tu lecho, y vete a tu casa" (Mar. 2:10-11; énfasis agregado).

- "Había un hombre de los fariseos que se llamaba Nicodemo, un principal entre los judíos. Este vino a Jesús de noche, y le dijo: Rabí, sabemos que has venido de Dios como maestro; porque *nadie puede hacer estas señales que tú haces, si no está Dios con él*" (Juan 3:1-2; énfasis agregado).

- "... después de haber padecido, se presentó vivo con muchas pruebas indubitables, apareciéndoseles durante cuarenta días" (Hech. 1:3).

- Pedro dijo: "Varones israelitas, oíd estas palabras: Jesús nazareno, varón aprobado por Dios entre vosotros con las maravillas, prodigios y señales que Dios hizo entre vosotros por medio de él" (Hech. 2:22).

- "¿Cómo escaparemos nosotros, si descuidamos una salvación tan grande? La cual, habiendo sido anunciada primeramente por el Señor, nos fue confirmada por los que oyeron, testificando Dios juntamente con ellos, con señales y prodigios y diversos milagros y repartimientos del Espíritu Santo según su voluntad" (Heb. 2:3-4).

La diferencia más importante entre Jesús y Buda, Confucio, Mahoma y Hare Krishna es que, a través de sus milagros, Él nos dio toda la confirmación necesaria en cuanto a que lo que dijo era verdad. Por medio de esas mismas señales y prodigios también nos proporcionó evidencia de que tenía *poder* para cumplir sus promesas. Ningún otro líder religioso siquiera se ha acercado al hecho de darle a la humanidad la clase de señales sobrenaturales que Jesús ofreció. Aunque el Corán de los musulmanes reconoce que los profetas anteriores a Mahoma, incluyendo a Jesús, realizaron milagros a fin de confirmar sus declaraciones como voceros de Dios, Mahoma sin embargo se negó a hacer lo mismo cuando lo desafiaron (Sura 3:183; 17:102).

La segunda prueba que Jesús nos dio en cuanto a que es Dios fue que Él era el cumplimiento de la profecía mesiánica (ver cap. 9). Cuando se considera la confiabilidad de las declaraciones de Cristo en cuanto a ser Dios, el cumplimiento de cientos de profecías en la persona de Jesús hace que no haya otro igual (Juan 5:17-18; 8:58: 9:35-38).

La tercera prueba que confirma la declaración de Jesús de ser Dios es su resurrección física de entre los muertos. Esta prueba es la evidencia suprema que catapulta a Jesús y al cristianismo a ubicarse en el primer lugar. Solamente una persona que tiene poder sobre la vida y la muerte puede llevar a cabo un milagro de este tipo. La resurrección es tan importante que si se derrumba, todo el cristianismo se desmorona tras ella. Puesto que esta tercera prueba tiene una importancia fundamental, el próximo capítulo se dedicará completamente a ese tema.

Conclusión

No hay duda de que Jesús efectuó declaraciones extraordinarias. Dijo: "Yo soy el camino, la verdad, y la vida; nadie viene al Padre, sino por mí" (Juan 14:6) y "Antes que Abraham fuese, yo soy" (Juan 8:58).

Estas son afirmaciones que no dejan lugar a dudas en cuanto a quién es Jesús realmente. O es Dios en carne humana *o* era un mentiroso, una leyenda o un lunático. Ningún otro líder religioso vivió una vida milagrosa y sin pecado ni demostró el amor hacia la gente muriendo en la cruz por los pecados del mundo (Rom. 5:6-8). El testimonio de testigos visuales en cuanto a los milagros, la profecía y la resurrección de los muertos constituye más de lo que cualquier jurado necesitaría jamás para pronunciar un veredicto acertado.[7] ¡Jesús es Señor!

Repaso

1. ¿La Biblia describe a Jesús como hombre, como Dios o como ambas cosas?

_____

_____

_____

_____

2. ¿Cómo puede Jesús ser Dios y hombre?

_____

_____

_____

3. Si Jesús es Dios, ¿cómo explicamos el hecho de que se cansó, tuvo hambre y sed como cualquier otro ser humano?

_____

_____

_____

4. ¿Qué significa la frase "Hijo de Dios"?

_____

_____

_____

5. ¿De qué manera el Padre es mayor que el Hijo?

_____

_____

_____

_____

_____

6. Enumera varias pruebas que Jesús nos dio para demostrar que es Dios.

_____

_____

_____

_____

_____

7. Lee Juan 1:1-14 y Filipenses 2:5-11 y luego resume lo que los dos pasajes dicen acerca de Jesús.

_____

_____

_____

_____

_____

CAPÍTULO 11
¿Resucitó Jesús de los muertos?

Situación

Juan y Sara se encontraron con Pedro y Yanina para asistir a la reunión de la iglesia en la mañana de Pascua. Después de salir recogieron unos tacos para el almuerzo y se fueron a la playa. Mientras estaban allí, Sara y Juan preguntaron algunas cosas acerca del mensaje del predicador.

Sara: Fue un mensaje interesante. No sabía que había tantas personas interesadas en la resurrección de Jesús.

Juan: Me pregunto si realmente resucitó de los muertos. Pedro, tú lo crees, ¿verdad?

Pedro: Sí, yo... *(Sara interrumpe.)*

Sara: Mi papá dijo que no hay pruebas de la resurrección. No lo culpo. Quiero decir, ¿alguno de ustedes ha visto alguna vez que una persona que ha muerto viva otra vez?

Yanina: No, pero tampoco he visto a Abraham Lincoln y yo creo que existió.

Juan: Nunca pensé en eso. ¿Por qué crees que Jesús resucitó de los muertos, Yanina? De todos modos, ¿qué importancia tiene?

Yanina: Eehhh... buena pregunta.

Preguntas

- ¿Por qué la resurrección de Cristo es tan importante para tu fe?
- ¿Qué verdades conoces acerca de la resurrección y del período inmediatamente posterior a la resurrección?
- ¿Resucitó Jesús de los muertos?

Propósito

Mostrar la importancia de la resurrección corporal de Jesús como evento de la historia y la manera en que ayuda a demostrar que Él es Dios.

Objetivo

Entender las evidencias que rodean a la resurrección corporal y ser capaces de proporcionar respuestas a las teorías que desafían este importante acontecimiento milagroso.

En este capítulo aprenderás...

- que Jesús resucitó de la tumba con el mismo cuerpo con el cual murió en la cruz, aunque presentaba algunos cambios,
- que el término *resurrección* se refiere al momento en que el mismo cuerpo que murió se levantará de la tumba para reunirse con su espíritu,
- que una *resurrección* es diferente de una *resucitación*,
- que la *resurrección* es un cambio *en* el cuerpo y la *reencarnación* es un cambio *de* cuerpo,
- que hay una abundante *evidencia* de testigos visuales que respaldan la resurrección de Jesús,
- que los desafíos que se presentan en contra de la resurrección corporal de Jesús son erróneos por varias razones.

La resurrección de Jesucristo es el evento crucial que sirve como fundamento del cristianismo. El cristianismo se sostiene o se derrumba en función de la resurrección de Cristo. Es el cimiento esencial sobre el cual está edificada la fe cristiana (1 Cor. 15:1-8; Ef. 2:19-22; Rom. 10:9-10) y sin la resurrección no habría cristianismo (Rom. 4:25; 1 Cor. 15:12-19). Este acontecimiento especial no sólo confirma lo que Jesús enseñó (Heb. 2:3-4; Mat. 12:40-41) sino quién es Él: Dios (Rom. 1:4).

El evento de la resurrección también coloca al cristianismo primitivo por encima de las otras religiones de esa misma época y en la actualidad continúa ubicando a la fe cristiana en una posición superior a las religiones del mundo que compiten con ella. Aún así, existen escépticos en relación al tema de la resurrección. Se podría esperar que los ataques surgieran del mundo incrédulo pero, cuando estas agresiones provienen desde dentro de la iglesia, lo que logran es echar abajo la fe de algunos y también impedir que otros lleguen al conocimiento de la verdad. Muchas de estas doctrinas falsas son resultado de simples malentendidos, mientras que otras surgen de la incredulidad. Es por esta razón que trataremos varias áreas de importancia.

¿Qué es la resurrección?

El término griego para *resurrección (anastasis)*, el cual deriva de otra palabra del mismo idioma *(anistemi)*, literalmente significa "ponerse de pie". Así que, cuando los cristianos hablan acerca de la resurrección se están refiriendo a un momento en que el mismo cuerpo que murió volverá a "ponerse de pie" o "levantarse" de la tumba para no volver a morir jamás (1 Cor. 15) ni estar sujeto a dolor y muerte (Juan 5:28-29; Apoc. 21:4). Es diferente de una resucitación, como en el caso cuando Jesús levantó a Lázaro de los muertos en Juan 11. Una resurrección es más que una resucitación en cuanto a calidad (clase de vida) y cantidad (extensión de vida). Un cuerpo que atravesó una resucitación volverá a estar sujeto a dolor y muerte, mientras que esto no sucederá en el caso de un cuerpo que experimentó una resurrección. Es imperecedero e inmortal (ver 1 Cor. 15:35-53).

Nuestro cuerpo resucitado poseerá las siguientes características:

1. Será un cuerpo físico (Luc. 24:39; Juan 20:27-29; comparar con Juan 2:19 y 1 Jn. 3:2).

2. Será el mismo cuerpo físico (Luc. 24:39; Juan 2:19) que era antes de morir, con la excepción de algunos cambios (1 Cor. 15:51-52; 37-38).

3. La mortalidad se vestirá de inmortalidad (1 Cor. 15:54).

4. Lo corruptible se transformará en incorruptible (1 Cor. 15:50-53).

5. Morirá en deshonra; resucitará en gloria (1 Cor. 15:43).

6. Morirá en debilidad; se levantará en poder (1 Cor. 15:43).

7. Morirá un cuerpo natural; resucitará en un cuerpo dominado por el espíritu (1 Cor. 15:44; comparar con 10:1-4).

(Nota: Estas características se explicarán con más detalle a lo largo de este capítulo.)

¿Qué sucede con la reencarnación?

La resurrección es muy distinta de la reencarnación. La palabra *reencarnación* literalmente significa "otra vez en la carne". Muchos sistemas religiosos orientales tales como el budismo y el hinduismo, como así también el movimiento de la Nueva Era, creen que cuando la gente se muera el espíritu volverá a nacer en el mundo en otro cuerpo. Este cuerpo nuevo puede tomar la forma de un ser humano, un animal, un vegetal o un mineral, dependiendo de la forma de reencarnación en la cual se crea. La meta final de los reencarnacionistas es liberar o poner en libertad a su espíritu del ciclo de renacimientos (reencarnaciones) para convertirse en uno con Dios. A fin de lograr esta libertad, es necesario estar seguro de estar realizando el máximo esfuerzo para vivir una vida buena y espiritual durante la existencia presente. En otras palabras, la reencarnación es una especie de evolución espiritual hacia la divinidad.

Hay muchos cristianos que se ven tentados a creer que la resurrección y la reencarnación son la misma cosa; sin embargo, no es así. En el caso de los creyentes, la creencia en la resurrección de Jesús es esencial para la salvación. Romanos 10:9-10 dice: "…si confesares con tu boca que Jesús es el Señor, y creyeres en tu corazón que Dios le levantó de los muertos, serás salvo". En realidad, la resurrección es el corazón del mensaje del evangelio (1 Cor. 15:1-11).

Hay, por lo menos, tres razones importantes por las cuales es necesario creer en la resurrección corporal y física de Cristo. Primero, alguien que está muerto no puede salvar a nadie. El perdón y la vida eterna sólo los puede garantizar y otorgar alguien que esté vivo. Segundo, una persona que no ha conquistado la muerte no nos puede ayudar a vencerla (Juan 14:19). Tercero, si Jesús no hubiese resucitado de los muertos con el mismo cuerpo con el que murió, entonces Satanás habría ganado la batalla. El cuerpo de Jesús todavía estaría en la tumba permitiendo que la muerte tuviese la victoria (Hech. 2:22-36). Cuarto, nuestra fe es tan buena como la persona en la cual creemos. Si nuestra fe está basada en el poder de Jesús para levantarnos de los muertos, y Jesús no tiene ese poder, entonces tenemos una fe vacía y no podemos aguardar con ansias la conquista de la muerte. Por ejemplo, si tuviésemos fe en que una silla de madera escriba una obra de teatro, y la silla no puede escribir, entonces nuestra fe es en vano. Nuestra fe es solamente tan buena como su objeto (la silla). Lo mismo sucede con la fe en Jesús.

Es interesante que Jesús haya resucitado de los muertos en su cuerpo. Esto nos debe proporcionar mucho consuelo, al saber que Dios envió a su Hijo para salvar a la persona en su totalidad, tanto el espíritu como el cuerpo (Rom. 8:11,23). Esto nos da una buena razón para creer que Dios no sólo se interesa por nuestra vida espiritual sino también por nuestras necesidades físicas. Este tema separa la reencarnación de la resurrección. Muchos reencarnacionistas opinan que el cuerpo es un obstáculo o molestia para la espiritualidad. Los cristianos, por el contrario, creen que el cuerpo y el espíritu forman la totalidad de la persona y que la unión es un don que se puede utilizar para glorificar a Dios por medio de la adoración y las buenas obras. En otras palabras, mientras que un cuerpo reencarnado se considera un problema, un cuerpo resucitado se observa como un regalo precioso de parte de Dios. Las siguientes características distinguen a las dos opiniones.[1]

1. El cuerpo resucitado se encuentra en su condición glorificada definitiva para nunca volver a experimentar la muerte (Heb. 9:27).

2. La resurrección es un cambio *en* el cuerpo (1 Cor. 15:51-53). Uno es la misma persona humana.

La reencarnación es un cambio *de* cuerpo. La próxima vez uno puede ser una persona o un animal diferente.

3. El cuerpo resucitado es celestial y sobrenatural (1 Cor. 15:44). El cuerpo reencarnado es terrenal y natural.

4. Los cristianos consideran que un cuerpo resucitado es un don de Dios (1 Cor. 15:54-57).

Los reencarnacionistas opinan que un cuerpo reencarnado es un problema u obstáculo para la espiritualidad.

5. Los cristianos consideran que un cuerpo resucitado abarca la *salvación* de *toda la persona*, tanto el cuerpo como el espíritu.

Los reencarnacionistas opinan que el hecho de ser liberado de un cuerpo reencarnado es una manera de *liberar al espíritu* de ese cuerpo a fin de convertirse en uno con Dios.

Al evaluar la reencarnación surgen muchos problemas para aceptarla como un concepto verdadero de la vida después de la muerte.

En primer lugar, la reencarnación no está demostrada. No existe evidencia de que la vida comience antes de la primera señal de un embarazo. De hecho, los expertos científicos han demostrado que la vida comienza cuando el espermatozoide masculino se une con el óvulo femenino. Los reencarnacionistas tratan de respaldar su opinión señalando que ha habido personas que han "recordado" o "rememorado" su vida pasada. No obstante, generalmente se les ha enseñado a creer que han vivido una vez en el pasado distante. Esta "enseñanza" se ha realizado con mucha frecuencia a través del hipnotismo o alguna otra técnica de alteración de la mente o mediante el consejo sugestivo. Además, se ha demostrado que muchos de los acontecimientos que describen los reencarnacionistas son falsos y que jamás han ocurrido.[2]

En segundo lugar, la reencarnación es un obstáculo para la compasión. Un concepto clave detrás de la reencarnación tradicional es la creencia de que la condición actual de la vida de uno, ya sea ser rico, pobre, hambriento, discapacitado o marginado, es resultado directo de la vida anterior de la persona. Se hace desistir de cualquier intento por ayudar a alguien que sufre porque éste está "pagando" por los errores cometidos en la última vida. Ni bien termine de "pagar" su "deuda" progresará a un nivel más elevado. Esto ha conducido a la creencia de que toda persona se encuentra sola y sin ayuda cuando intenta ganar la salvación (liberarse de la reencarnación). Esto difiere mucho del mandato de Jesús de amarnos los unos a los otros como nos amamos a nosotros mismos (Prov. 28:27; Mat. 5:43-48; 22:39) y recibir gratuitamente el don de la salvación (Ef. 2:8-9).

¿Sucedió realmente la resurrección de Jesús?

Para demostrar que la resurrección de Jesús fue un evento que ocurrió realmente en la historia volvemos a observar los informes confiables que dieron aquellos que estuvieron allí para verlo (testigos visuales). Considera los cinco puntos importantes que aparecen a continuación.

1. Los autores de los Evangelios (Mateo, Marcos, Lucas y Juan) declararon haber sido testigos visuales concretos o haber reunido información directa tras hablar con aquellos que habían visto los acontecimientos (Luc. 1:1-3; 3:1; Juan 15:27; 19:35; 21:24; Hech. 2:22; 26:24-26; 2 Ped. 1:16; 1 Jn. 1:3).

2. Ninguna evidencia escrita proporcionada por alguna persona correspondiente al primer siglo habla *en contra* de los informes de los Evangelios sobre la resurrección. Sin embargo, tal como se ha demostrado, historiadores tales como Tácito, Seutonio y Josefo presentan un abundante testimonio que concuerda con los registros del Evangelio en cuanto a la vida, la muerte y la resurrección de Jesús.

3. Si la figura neotestamentaria de Jesús no hubiese estado basada en los informes de testigos visuales, ¿cómo se podría haber elaborado o escrito jamás un registro consistente acerca de Él? Cada individuo tendría su propia versión de lo ocurrido. Lo que sucedió en realidad es exactamente lo opuesto debido a que tenemos un registro extraordinariamente consistente de los eventos bíblicos.

4. Creer que los Evangelios no fueron escritos por buenos testigos visuales deja varias preguntas sin responder. Por ejemplo, ¿cómo podrían

haber tenido éxito los apóstoles en Jerusalén si el mensaje de Jesús que presentaron hubiese sido falso? ¿Por qué habrían comenzado allí en primer lugar? Los ciudadanos de esa región inmediatamente habrían puesto en evidencia las mentiras de los apóstoles.

5. Varios testigos visuales que vieron el cuerpo de Jesús vivo después de morir y ser sepultado confirmaron la resurrección de Cristo (Hech. 1:3).

(1) María Magdalena (Juan 20:1).

(2) María, la madre de Jacobo (Mat. 28:1).

(3) Salomé y Juana (Luc. 24:10).

(4) Varias mujeres más de Galilea (Luc. 23:55).

(5) Pedro (Luc. 24:34).

(6) Cleofas y el otro discípulo en el camino a Emaús (Luc. 24:13-32).

(7) Los diez apóstoles en Jerusalén (Juan 20:24).

(8) Los once, cuando Tomás estuvo presente una semana después (Juan 20:26-29).

(9) Los siete discípulos en el mar de Galilea (Juan 21:1-24).

(10) Los once en el monte en Galilea (Mat. 28:16-20).

(11) Los quinientos al mismo tiempo (1 Cor. 15:6).

(12) Jacobo, el hermano de Jesús (1 Cor. 15:7a).

(13) Los discípulos en el monte de los Olivos (Hech. 1:4-12).

(14) El apóstol Pablo (1 Cor. 15:7; 9:1).

Si una persona decide rechazar el testimonio de los testigos visuales de la resurrección de Cristo también debe hacer lo mismo con la mayoría de los eventos de la antigüedad. Esto es así debido a que existen más testimonios de testigos visuales de la resurrección de Jesús de los que hay en el caso de otros acontecimientos de la misma época.

¿Proporcionan los Evangelios evidencia de la resurrección?

No sólo hubo una cantidad abrumadora de testigos visuales en los eventos descritos en los Evangelios, sino que además la naturaleza de sus informes coloca a la resurrección más allá de toda sospecha. Hay varios factores que así lo indican.

Primero, en la mayoría de los casos los testigos se hallaban independientemente unos de otros; las primeras trece apariciones tuvieron lugar durante un período de más de cuarenta días (Hech. 1:3). Esto demuestra que no se habían puesto de acuerdo para mentir acerca de la resurrección.

Segundo, inicialmente hubo incredulidad en cuanto a lo que vieron los testigos, lo cual elimina la posibilidad de que haya sido una alucinación (comparar con Juan 20:25ss.; Luc. 24:15ss.; Mat. 28:17ss.). Generalmente las personas que desean creer en algo tienen alucinaciones con respecto al tema, pero los discípulos no creían que Jesús iba a resucitar. *Tercero*, las perspectivas diferentes de Mateo, Marcos, Lucas y Juan sugieren poderosamente que los testigos estaban diciendo la verdad. Si se hubiesen estado copiando, entonces los relatos habrían sido casi idénticos. Más aún, la veracidad y el carácter moral de los apóstoles se reflejan en sus escritos. Ellos no toleraban la mentira (Hech. 5:1ss.), se negaron a que los compraran con dinero (Hech. 8:18) y permanecieron firmes cuando enfrentaron la persecución (2 Cor. 11:23ss.), aun hasta el punto de morir.

A la luz de la evidencia proporcionada por el hecho de que los autores de los Evangelios fueron testigos visuales de los eventos y sumándole a esto la manifestación del carácter de estos escritores es razonable creer que los Evangelios registraron la verdad de manera precisa.

¿Cómo explican los escépticos la resurrección?

Con el correr de los años surgió gran cantidad de teorías diferentes que intentan explicar los hechos que rodean la resurrección de Jesús. A continuación aparecen algunas de las teorías escépticas más populares que desafían al cristianismo.[3]

Jesús no murió en realidad; se desmayó

Según esta opinión, Jesús no murió realmente en la cruz sino, más bien, se desvaneció, se desmayó o simuló la muerte mediante un estado provocado por el efecto de drogas. Se dice, pues, que Jesús posteriormente revivió dentro de la tumba fría y húmeda hasta que recobró la fortaleza suficiente como para salir de allí.

Los problemas que presenta esta opinión son:
1. No considera el alcance de la condición física de Jesús.
    a. No había dormido la noche antes de la crucifixión (Mar. 14:32-41).
    b. No podía soportar el peso de la cruz (Mat. 27:32).
    c. Lo azotaron, se burlaron de Él y lo golpearon (Mat. 27:26-28; 27:26-31).
    d. Le habían clavado las manos y los pies en la cruz (Luc. 24:39).
    e. Le habían traspasado el costado con una lanza (Juan 19:34).
    f. Había estado colgado de la cruz desde las 9 de la mañana hasta, por lo menos, las 3 de la tarde (Mar. 15:25,33-34).

g. En 1986, eruditos médicos evaluaron las heridas que Jesús padeció y escribieron: "Indudablemente, el peso de la evidencia histórica y médica indica que Jesús estaba muerto antes de que se le efectuara la herida en el costado y respalda la opinión tradicional de que probablemente la lanza que se le arrojó entre las costillas derechas no sólo haya perforado el pulmón del mismo lado sino también el pericardio y el corazón, asegurando de este modo su muerte. De acuerdo con esto, las interpretaciones que se basan en la idea de que Jesús no murió en la cruz parecen estar en contraposición con el conocimiento médico moderno".[4]

2. No considera a aquellos que fueron testigos de su muerte.

a. Pilato les ordenó a sus soldados que verificaran y se aseguraran de que Jesús estuviera muerto antes de sepultarlo (Mar. 15:44-45).

b. Los soldados romanos anunciaron la muerte de Jesús (Juan 19:33-34).

c. A Jesús lo embalsamaron y lo envolvieron con cerca de cien libras de materiales (Juan 19:39-40).

d. Se colocó una piedra pesada al frente de la tumba (Juan 20:1).

e. El apóstol Juan presenció la muerte de Jesús (Juan 19:30).

3. No considera el testimonio de la muerte de Jesús que escribieron historiadores no cristianos.[5]

a. El historiador romano Tácito afirma que "su fundador, Cristo, había sido ejecutado en el reino de Tiberio por el gobernador de Judea, Poncio Pilato".[6]

b. Josefo hace referencia a que Jesús fue entregado a "Pilato" y que posteriormente lo "condenaron a la cruz".[7]

c. El Talmud (libro sobre tradición e historia judía) registra que "en la víspera de la Pascua, Jehová fue colgado".[8]

d. En el siglo II, Luciano documenta la muerte de Jesús cuando escribe: "Los cristianos hasta hoy adoran a un *hombre*, el personaje distinguido que introdujo sus ritos novedosos y que fue crucificado por esa causa".[9]

Los testigos solamente pensaron que habían visto a Jesús vivo

Según esta teoría, los que informaron haber visto a Jesús después de su muerte en realidad no veían correctamente sino, más bien, tenían alucinaciones y probablemente veían lo que deseaban ver.

Los problemas que presenta esta teoría son:

1. No considera la cantidad abundante de testigos. Las alucinaciones generalmente son privadas e individuales.
   a. Cristo se les apareció a más de quinientas personas (1 Cor. 15:3-8) al mismo tiempo y en el mismo lugar.
   b. Se les apareció a todos los apóstoles a la vez (Hech. 1:4-8).
2. No considera que las alucinaciones generalmente ocurren una vez y sólo duran unos segundos o minutos, raramente horas.
   a. Si Cristo fue una alucinación, sería la más larga que se haya registrado en la historia (cuarenta días) (Hech. 1:3).
   b. Jesús apareció durante períodos de tiempo prolongados y mantuvo conversaciones extensas (Juan 21:3-23).
3. No considera que los discípulos lo tocaron y comieron con Él.
   a. Se le manifestó al "dudoso" Tomás (Juan 20:26-30).
   b. Les mostró las manos y los pies a los discípulos (Luc. 24:39).
   c. Comió pescado asado con los discípulos (Luc. 24:43).
4. Esta teoría no da ninguna respuesta a la pregunta de por qué había una tumba vacía.
5. Si los apóstoles estaban experimentando alucinaciones y esparciendo esta historia contraria a los hechos, las autoridades judías y romanas podrían haber detenido fácilmente la rebelión mostrando el cuerpo de Jesús.

Hubo una conspiración criminal detrás del cuerpo desaparecido

Según esta teoría, o las autoridades judías o los guardias romanos o los discípulos conspiraron para robar el cuerpo de Jesús.

Los problemas que posee esta teoría son:

1. Si las autoridades judías robaron el cuerpo, ¿por qué no culparon del robo a los discípulos o mostraron el cuerpo a fin de desacreditar a los testigos de la resurrección que formaban parte de la iglesia primitiva?

2. Los guardias romanos no se habrían llevado el cuerpo por temor a la pena de muerte. Además, es improbable que los romanos tuvieran una razón para robar el cuerpo. No lo habrían robado porque hubiese sido contraproducente en cuanto a mantener la paz dentro de la región ya que podría haber causado una controversia.

3. Los discípulos no robaron el cuerpo porque posteriormente murieron por lo que confesaron que era la verdad (es decir, la resurrección). De hecho, hay personas que ciertamente mueren por aquello

acerca de lo cual los engañaron para que pensaran que es la verdad, pero no lo hacen por lo que saben que es una mentira.

4. Esta teoría pinta a los discípulos como conspiradores que deseaban sacar crédito de la situación. Esto va en contra tanto de sus enseñanzas como del carácter altamente moral por el cual se los conoce.

5. No da cuenta de las doce apariciones de Cristo a más de quinientas personas durante un período de cuarenta días.

Los testigos fueron a la tumba equivocada

Según esta opinión, María Magdalena y las otras mujeres fueron a la tumba equivocada y la encontraron vacía. Los que sostienen esta opinión creen que la oscuridad de la madrugada, el desasosiego emocional y las ilusiones fueron el motivo de este error.[10]

Los problemas de esta teoría son:

1. Si María fue a la tumba equivocada porque estaba oscuro, las autoridades podrían haber encontrado el lugar correcto a la luz del día. Pedro y Juan ciertamente hallaron con éxito la tumba correcta (Juan 20:1-5).

2. Si estaba tan oscuro como para que María no pudiera ver, ¿por qué el hortelano ya estaba trabajando? Los jardineros en raras ocasiones trabajan antes del amanecer.

3. Esta teoría no explica las numerosas apariciones de Cristo ni la razón de la tumba vacía.

¿Era el cuerpo resucitado de Jesús material o inmaterial?

Muchos creen que Jesús recibió un "cuerpo espiritual" invisible en base a lo que escribió el apóstol Pablo en 1 Corintios 15:44, que el cuerpo "se siembra *cuerpo animal*, y resucita *cuerpo espiritual*. Hay cuerpo animal, y hay *cuerpo espiritual*" (énfasis agregado). Aunque da la impresión de que este versículo respalda la idea de que el cuerpo resucitado es invisible, al observarlo más detenidamente revela que Pablo está hablando de un cuerpo físico dominado por el espíritu, al cual denomina "cuerpo espiritual". Hay varias razones por las cuales la mayoría de los eruditos bíblicos conservadores creen que esto es lo cierto.

Primero, que algo sea "espiritual" no significa que sea inmaterial. Pablo escribe en 1 Corintios 10:3-4 que había "alimento espiritual", "bebida espiritual" y una "roca espiritual", los cuales comieron y bebieron los hijos de Israel en el desierto. Estas cosas eran reales, no invisibles.

Que se las denomine espirituales no quiere decir que sean invisibles. El uso que hace Pablo del término *espiritual* al referirse al cuerpo resucitado no significa que sea invisible o inmaterial. Espiritualidad no es sinónimo de invisibilidad.

Segundo, podríamos llamar a los apóstoles hombres espirituales y decir que la Biblia es un libro espiritual; sin embargo, no asumiríamos que los apóstoles fueron invisibles o que la Biblia es inmaterial. Simplemente significa que la vida de los apóstoles se caracterizó por el poder sobrenatural del Espíritu Santo y que la Biblia es un libro sobrenatural que posee una fuente espiritual. Por lo tanto, cuando Pablo dice que nuestro cuerpo resucitado será un "cuerpo espiritual" se está refiriendo a la fuente sobrenatural que posee y no a una sustancia invisible. Sería acertado decir que recibiremos un "cuerpo sobrenatural" dominado por el Espíritu Santo.

Tercero, la palabra griega para *cuerpo (soma)* que utiliza Pablo siempre se refiere a un cuerpo material real cuando se aplica a las personas, nunca a algo inmaterial.[11]

Cuarto, si Dios no resucitó a Jesús con el mismo cuerpo físico con el que murió, entonces la resurrección no tiene valor como prueba de la veracidad del cristianismo ni del poder de Dios sobre la muerte. Esto se debe a que no existiría manera de verificar realmente una "resurrección corporal". De hecho, no hay una diferencia verificable entre una resurrección espiritual y su absoluta inexistencia porque ninguna de las dos cosas se puede examinar. Más aún, si Cristo simplemente recibió otro cuerpo invisible que podía aparecer en ciertas ocasiones, entonces Dios perdió la batalla contra la muerte y la tumba porque el cuerpo original de Cristo aún estaría allí. Sin embargo, sabemos que Jesús se levantó de la tumba en el mismo cuerpo con el cual murió porque Pedro dijo que no era posible que pudiese ser retenido por los dolores de la muerte (Hech. 2:22-24) ni que su cuerpo viese corrupción (Hech. 2:31). Esta es la razón por la cual las Escrituras dicen enfáticamente: "Sorbida es la muerte en victoria. ¿Dónde está, oh muerte, tu aguijón? ¿Dónde, oh sepulcro, tu victoria?" (1 Cor. 15:54-55).

Hay varias razones más por las cuales los cristianos creen que el cuerpo de Jesús era material.

1. El cuerpo de Jesús era físicamente reconocible (Mat. 28:7,17; Mar. 16:7; Luc. 24:24; Juan 20:14,20; 1 Cor. 9:1).

2. Al cuerpo de Jesús lo tocaron físicamente y Él lo ofreció para que lo palparan (Mat. 28:9; Juan 20:17,27).

3. Jesús comió alimento físico (Luc. 24:30,41-43; Juan 21:12-13).

4. Su cuerpo estaba hecho de "carne y huesos" (Luc. 24:39).

5. Se lo vio y oyó con los sentidos físicos (Mat. 28:17; Luc. 24:31; 1 Cor. 9:1; 15:5-8).

6. El cuerpo de Jesús se reconocerá en la segunda venida (Apoc. 1:7; Hech. 1:11).

7. La tumba de Jesús quedó vacía del cuerpo físico que se había colocado allí (Juan 20:1-10).

8. El "estigma" (cicatrices de la crucifixión) demuestra que era el mismo cuerpo (Luc. 24:39; Juan 20:25-28).

9. Jesús declaró que el cuerpo resucitado sería el mismo que murió una vez (Juan 2:19-22, observar "lo").

10. El cuerpo de Jesús no vio corrupción después de la muerte (Hech. 2:31).

11. La comparación de la "semilla" que menciona Pablo demuestra que es el mismo cuerpo (ver 1 Cor. 15:35-44, observar el pronombre "lo").

Conclusión

La resurrección de Cristo es uno de los eventos históricos mejor documentados de la historia antigua. Los intentos efectuados para explicar con otras teorías la realidad de la tumba vacía han sido insuficientes en varios aspectos, y dejan a la resurrección corporal y física de Cristo como la mejor solución para entender los hechos. La resurrección no sólo concuerda con la evidencia sino que también confirma la autoridad divina del Nuevo Testamento en cuanto al mensaje de Jesús sobre el perdón, sus declaraciones referentes a su divinidad y su vida milagrosa y sin pecado. Las numerosas apariciones de Cristo en su cuerpo físico resucitado proporcionan una amplia prueba de que Jesús resucitó de los muertos tal como lo registra la Biblia. Para negar el evento de la resurrección, un acontecimiento basado en abundante documentación y en el testimonio creíble de testigos visuales, se requeriría que existiesen informes contradictorios de esos testigos o la posición insostenible de que no se puede confiar en sus declaraciones.

Repaso

1. ¿Por qué es importante defender la resurrección de Jesús?

_____

_____

_____

_____

_____

2. ¿En qué se diferencia una resurrección de una resucitación?

_____

_____

_____

_____

3. ¿Qué clase de características estarán presentes en un cuerpo resucitado? (Ver 1 Cor. 15.)_____

_____

_____

_____

_____

4. ¿Qué evidencias nos dan una buena razón para creer que Jesús realmente resucitó de los muertos?_____

_____

_____

_____

_____

5. ¿Qué problemas presenta la teoría que dice que Jesús se desmayó y posteriormente revivió?_____

_____

_____

_____

_____

6. ¿Era el cuerpo resucitado de Jesús material o inmaterial? ¿Cómo lo sabes?_____

_____

_____

_____

_____

7. Escribe siete razones por las cuales los cristianos creen que el cuerpo de Jesús era material.

(1)_____

_____

(2)_____

_____

(3)_____

_____

(4)_____

_____

(5)_____

_____

(6)_____

_____

(7)_____

_____

CAPÍTULO 12
¿Es la Biblia la Palabra de Dios?

Situación

Se está llevando a cabo la reunión de estudio bíblico en la iglesia el miércoles por la noche. Pedro, Yanina, Juan y Sara están allí. El pastor de jóvenes acaba de terminar de leer un capítulo del libro de los Hechos.

Juan: ¿Quién escribió el libro de los Hechos?

Pedro: La mayoría de la gente piensa que fue Lucas.

Juan: Entonces, ¿por qué los creyentes llaman a Hechos la Palabra de Dios?

Pedro: Porque Dios fue el autor de la Biblia y utilizó a seres humanos para escribirla.

Sara: Bueno, Pedro, así da la impresión de que la Biblia debería tener toda clase de errores porque los seres humanos participaron en ella.

Juan: Y están todos estos otros libros que se dividen en dos Testamentos. ¿Los escribió un grupo de personas en diferentes épocas?

Yanina: Eso es exactamente lo que aprendimos la última vez.

Juan: No puedo imaginarme cómo es que no tienen muchísimos errores e historias conflictivas.

Pedro: Pero no hay nada de eso.

Sara: ¿Por qué?

Pedro: Porque la Biblia en sí es un milagro. Dios inspiró a los escritores, de manera que la Biblia es la Palabra de Dios. En consecuencia, no puede haber ningún error si consiste en palabras inspiradas provenientes de un ser perfecto y que sabe todo.

Preguntas

- ¿Crees en la Biblia?
- ¿Proviene la Biblia de Dios?
- ¿Tiene la Biblia un poder especial sobrenatural?

Propósito

Mostrarles a los alumnos que la Biblia tiene un origen divino aunque haya sido escrita por autores humanos.

Objetivo

Entender las razones por las cuales los cristianos creen que la Biblia no tiene errores y es la Palabra de Dios autorizada.

En este capítulo aprenderás...

- que la palabra española *Biblia* viene del término griego *biblos*, que significa "libro" o "rollo".
- que el *tema* de la Biblia es totalmente acerca de Jesús, a manera de *anticipación* en el Antiguo Testamento y de *concreción* en el Nuevo Testamento.
- que Jesús *confirmó* el Antiguo Testamento y *prometió* el Nuevo Testamento.
- que Dios utilizó a personas para escribir la Biblia a través de un proceso denominado "inspiración". Este proceso garantiza que la Biblia está libre de errores.
- que la Biblia tiene cosas para *decir* acerca de su propio origen.

La Biblia es un libro único que tiene muchas facetas. Algunas personas la estudian como historia, utilizándola para entender civilizaciones y eventos del pasado. Otros leen la Biblia por su poesía y su serie de historias morales. Hay un lugar y un propósito para cada uno de estos emprendimientos pero, en definitiva, la Biblia es la Palabra de Dios. Específicamente, es el mensaje de Dios para un mundo rebelde acerca de cómo regresar a Él a través de su Hijo Jesucristo (Juan 3:16).

Hasta ahora hemos demostrado que (1) la verdad se puede conocer, (2) Dios existe, (3) Dios tiene un propósito y un plan para el mal, (4) los milagros son posibles, (5) los escritos del Nuevo Testamento se pueden considerar copias exactas de los originales, (6) Jesús es Dios y (7) Él demostró su naturaleza divina mediante su vida milagrosa y sin pecado, lo cual culminó con su resurrección corporal de entre los muertos. Estas conclusiones se descubrieron por medio del razonamiento sin hacer referencia a la Biblia como un libro proveniente de Dios. La confiabilidad del Nuevo Testamento nos demostró que los documentos que tenemos en el día de hoy se pueden considerar copias precisas de los escritos originales. Este capítulo responderá la pregunta acerca de si estas copias exactas representan las palabras mismas de Dios.

¿Qué es la Biblia?

La palabra española *Biblia* viene del término griego *biblos* que significa "libro" o "rollo". *Biblos* era el nombre que se les daba a los juncos papiros que crecían a lo largo de las riberas del río Nilo en Egipto durante el siglo XI a.C.[1] La palabra *Biblia* se ha utilizado para referirse a los sesenta y seis libros que componen el cuerpo completo de las Escrituras cristianas.

Aunque la Biblia es un solo libro, está dividido en dos testamentos denominados Antiguo y Nuevo Testamento. El Antiguo Testamento se escribió mayormente en idioma hebreo y contiene treinta y nueve libros, los cuales se dividen en cuatro secciones:

1. El Pentateuco, Ley o Torá (Génesis a Deuteronomio)
2. Los libros históricos (Josué a Ester)
3. Los libros poéticos (Job a Cantar de los Cantares, o Cantares de Salomón)
4. Los profetas (Isaías a Malaquías)

El Nuevo Testamento se escribió en idioma griego y contiene veintisiete libros que también están distribuidos en cuatro secciones:

1. Los Evangelios (Mateo a Juan)
2. Los Hechos de los Apóstoles (Hechos)
3. Las epístolas (Romanos a Judas)
4. El libro de Apocalipsis

¿De qué trata la Biblia?

Algunos consideran que el orden de ocho secciones que posee la Biblia no tiene importancia. Sin embargo, la sucesión en que está ordenada revela una progresión histórica detallada del plan de Dios para salvar a la humanidad por medio de Jesucristo. Jesús es el tema de la Biblia en las ocho secciones del Antiguo y el Nuevo Testamento (Mat. 5:17; Luc. 24:27,44; Juan 5:39; Heb. 10:5-7).²

Los libros de la Ley en el Antiguo Testamento establecen el fundamento para Cristo en el sentido de que revelan la forma en que Dios escogió a un pueblo para que lo representara (Génesis), cómo lo redimió de la esclavitud (Éxodo), lo santificó (Levítico), lo guió a través del desierto (Números) e instruyó a los hijos de Israel en cuanto a quién sería la persona por medio de la cual iba a bendecir a todas las naciones (Gén. 12:1-3). Los libros históricos ilustran la manera en que Dios estaba preparando a la nación para Cristo a fin de que cumpliera su misión de producir un Salvador. En los libros poéticos Dios instó a su pueblo escogido para que aspirara a cosas elevadas, en especial a Cristo. Finalmente, en los libros proféticos el pueblo miraba expectante a la primera y segunda venida de Cristo.

Los Evangelios del Nuevo Testamento hacen florecer a pleno las expectativas del Antiguo en la manifestación histórica de Cristo. El Hijo de Dios prometido se coloca aquí la naturaleza de la humanidad y se presenta ante la nación con un mensaje de salvación. Cada uno de los cuatro Evangelios enfatiza la manifestación de Cristo de una manera particular: Mateo pone énfasis en la soberanía de Cristo; Marcos destaca su ministerio para con su pueblo; Lucas describe su humanidad; y Juan revela su deidad (Juan 1:1,14).

Después de que Cristo fuera crucificado y resucitara, el libro de los Hechos registra su propagación. Revela los relatos más antiguos de la actividad misionera del cristianismo. Jesús dijo que sus discípulos tenían que llevar el evangelio a Jerusalén, a Judea, a Samaria y hasta lo último de la tierra (Hech. 1:8).

Las epístolas nos dan la interpretación y aplicación de Cristo en su persona y obra. Esta es la sección doctrinal del Nuevo Testamento. Pablo nos dice cómo debemos entender y aplicar las obras y las palabras de Cristo a nuestra vida.

El último libro de la Biblia, Apocalipsis, ilustra la manera en que Dios conduce todas las cosas para alcanzar su consumación en Cristo. En otras palabras, nos cuenta el programa futuro y glorioso de Dios al resumir todas las cosas en Cristo (Col. 2:9; Ef. 1:10).

Cuando se la observa en forma detallada, la Biblia y todas sus secciones constituyen un relato significativo de cómo se ha revelado progresivamente en la persona de Jesucristo el plan de Dios para salvar a la humanidad rebelde. En el Antiguo Testamento se encuentra una *anticipación* de la venida de Cristo; en el Nuevo Testamento hallamos una *concreción* de su misma presencia.

¿Es la Biblia la Palabra de Dios?

Podemos estar seguros de que la Biblia es la Palabra de Dios porque Jesús nos dijo que así era. Sus declaraciones acerca de las Escrituras están basadas en su autoridad como Dios, la cual se nos demostró a través de su vida milagrosa e impecable (cap. 10) y su resurrección de los muertos (cap. 11). Jesús *confirmó* la autoridad del Antiguo Testamento y *prometió* el Nuevo Testamento.

Lo que Jesús enseñó acerca del Antiguo Testamento

Jesús enseñó por lo menos once cosas concernientes al Antiguo Testamento.

1. Tiene autoridad definitiva (Mat. 22:43).
2. Es confiable y fidedigno (Mat. 26:54).
3. Es la palabra final (Mat. 4:4,7,10).
4. Es suficiente y sin carencias (Luc. 16:31).
5. Es indestructible (Mat. 5:17-18; Juan 10:35).
6. Es unificado en su mensaje (Luc. 24:27,44; Juan 5:39).
7. Es claro en su mensaje central (Luc. 24:27).
8. Es históricamente exacto (Mat. 12:40).
9. Es científicamente preciso (Mat. 19:2-5).
10. Es *sin error* (inerrante) (Mat. 22:29; Juan 3:12; 17:17).
11. Es *inquebrantable* (infalible) en sus declaraciones de la verdad (Juan 10:35; Luc. 16:17).

Jesús habló en varias ocasiones durante su ministerio terrenal acerca de la naturaleza histórica de la Biblia al mencionar eventos tales como el de Jonás (Mat. 12:40), los días de Noé (Mat. 24), el profeta Daniel (Mat. 24) y la creación de Adán y Eva (Mat. 19:2-5).

También habló acerca de la autoridad y la finalidad de las Escrituras cuando utilizó la frase a menudo repetida de "Escrito está" al defenderse ante las tentaciones de Satanás (Mat. 4:4,7,10). En varias ocasiones Jesús denominó a las Escrituras la "Palabra" de Dios y la "Escritura" (Juan 10:35; Mar. 12:10; Juan 5:39; 17:17). Las frases "dice la Escritura" y "Dios dice" aparecen alrededor de 3800 veces en la Biblia y se utilizan indistintamente para referirse a la Palabra de Dios.

Lo que las Escrituras dicen que Dios dice

Dios dijo…[3]
Génesis 12:1-3
Éxodo 9:13-16
Las Escrituras dijeron…
Génesis 2:24
Salmo 2:1
Salmo 97:7

Las Escrituras dijeron…
Gálatas 3:8
Romanos 9:17
Dios dijo…
Mateo 19:4-5
Hechos 4:24-25
Hebreos 1:6

Jesús prometió el Nuevo Testamento

Puesto que Jesús no escribió ningún libro y el Nuevo Testamento no se había escrito durante la época en que Él vivió, les prometió a los doce discípulos que el Espíritu Santo les enseñaría y les recordaría todo lo que Él les había hablado (Juan 14:25-26). Jesús continuó diciendo: "Pero cuando venga el Espíritu Santo, él os guiará a toda la verdad; porque no hablará por su propia cuenta, sino que hablará todo lo que oyere, y os hará saber las cosas que habrán de venir" (Juan 16:13). Los apóstoles entendieron que el significado de estas declaraciones era que pronto se les proporcionaría verdades adicionales para que se pudiera establecer la iglesia. Esta era de revelación se extendió aproximadamente durante sesenta y cinco años, desde el derramamiento del Espíritu Santo sobre la iglesia (Hech. 2:1ss.) hasta la muerte del último apóstol, Juan (alrededor del año 100 d.C.).

Si Jesús es Dios y dijo la verdad acerca de que el Antiguo Testamento es la Palabra de Dios y que únicamente sus apóstoles y profetas escribirían el Nuevo Testamento, entonces se demuestra que nuestra Biblia proviene de Dios. En otras palabras, la única manera de descartar lo que Jesús dijo acerca de la Biblia es demostrando que Él no es Dios.

¿Quién escribió la Biblia, Dios o el hombre?

El proceso por medio del cual se escribió la Biblia se denomina "inspiración". El término proviene de 2 Timoteo 3:16, donde Pablo dice: "Toda la Escritura es *inspirada* por Dios, y útil para enseñar, para redargüir, para corregir, para instruir en justicia, a fin de que el hombre de Dios sea perfecto, enteramente preparado para toda buena obra" (énfasis agregado). La palabra significa literalmente "soplada por Dios". Es decir, Dios es la fuente, origen o causa de las Escrituras.

La declaración de Pablo no se limita exclusivamente al Antiguo Testamento sino que también se aplica al Nuevo. Esto se puede confirmar leyendo 1 Timoteo 5:18 que dice: "Pues la Escritura dice: No pondrás bozal al buey que trilla; y: Digno es el obrero de su salario". Observa que Pablo cita Deuteronomio 25:4 y Lucas 10:7 diciendo que ambos pasajes son la "Escritura", y coloca a ambos textos en el mismo nivel de inspiración que el resto de la Palabra de Dios. Los apóstoles también reconocieron como "Escritura" al Nuevo Testamento. Esto se observa en la declaración de Pedro que coloca a las cartas de Pablo (epístolas) en el nivel de "Escrituras" (ver 2 Ped. 3:16). Para la época en que Pedro y Pablo hicieron sus declaraciones, la mayor parte del Nuevo Testamento ya se había escrito, con excepción de 2 Pedro, Hebreos, Judas y los escritos del apóstol Juan.

Dios utilizó instrumentos humanos (apóstoles y profetas) para escribir las palabras de las Escrituras (2 Ped. 1:19-21). Esto no significa que se hayan quitado las características individuales de cada escritor. Por el contrario, se mantienen y se utilizan en forma individual. Esta es la razón por la cual cada libro de la Biblia refleja el estilo particular del escritor. Dios incorporó plenamente en las Escrituras aspectos humanos tales como los siguientes:

1. Los *estilos literarios humanos* diferentes reflejan a los distintos autores.

2. Se tratan necesidades e *intereses humanos* diferentes (2 Tim. 4:13).

3. *Perspectivas humanas* diferentes (Evangelios) presentan la vida de Cristo.

4. Se utilizan distintos *términos humanos* para hablar de Dios (Isa. 53:1; antropomorfismos [*antropos* = hombre, *morfo* = forma]).

5. Se usan *lenguas humanas* diferentes (hebreo, arameo, griego).

6. Se utiliza la *memoria humana* (1 Cor. 1:15-16).

7. Se habla desde una *perspectiva humana* (Jos. 10:12-13).

Es importante recordar que, aunque Dios permitió la participación humana en la escritura de su Palabra (1 Cor. 2:13), aún así no tiene error porque Él entregó la revelación y supervisó la escritura. En otras palabras, tenemos la Palabra de Dios escrita por hombres de Dios. La lógica detrás de la inerrancia (sin error) de la Biblia es la siguiente:

La Biblia es la Palabra de Dios.

Dios no puede errar.

Por lo tanto, la Biblia no puede errar.

A veces surge la objeción: "La Biblia no es la Palabra de Dios inerrante; fue escrita por hombres falibles". *Primero,* debemos acordarnos de señalar los dos roles diferentes que ocupan Dios y el hombre. Dios fue el autor que la supervisó y el hombre fue el escritor de las Escrituras que la registró. La inspiración divina era la garantía necesaria para preservar la pureza e inerrancia de la Palabra de Dios. *Segundo,* los seres humanos no siempre se equivocan, sólo en algunas ocasiones. Esto significa que los escritores de la Biblia podrían haber escrito las Escrituras sin error. Además, el apóstol Pedro nos dice que los escritores de la Palabra de Dios fueron guiados por el Espíritu Santo (2 Ped. 1:21).

¿Qué declara la Biblia acerca de sí misma?

Así como a una persona se le permite testificar a su favor en una corte de justicia, de la misma manera se le otorga permiso a la Biblia para hablar en su nombre. Varias declaraciones singulares dentro de la Biblia misma dan testimonio de su origen divino.

1. Pablo declaró que las cosas que estaba escribiendo eran en realidad mandatos del Señor (1 Cor. 14:37) y que los creyentes las aceptaron (1 Tes. 2:13).

2. Pedro reconoció que la Palabra de Dios es inmutable y digna de nuestra obediencia (2 Ped. 1:16-21).

3. Juan afirmó que sus enseñanzas venían de parte de Dios y que rechazarlas era rechazar a Dios (1 Jn. 4:6).

4. Todos los apóstoles y los profetas que efectuaron declaraciones concernientes a la integridad de las Escrituras a menudo la defendieron a costa de un gran sacrificio personal, aun hasta el punto de morir por ello (Jer. 11:21; Fil. 2:7,17).

5. Las frases frecuentemente repetidas a lo largo de las páginas de la Biblia "Dios dice", "dice la Escritura", "Jehová habló diciendo" y "así dice Jehová" le hacen recordar al lector que realmente es inspirada por Dios (Ex. 14:1; 20:1; Lev. 4:1; Núm. 4:1; Isa. 1:10,24).

6. La unidad de la Biblia es un testimonio poderoso de la inspiración. A lo largo de las Escrituras existe un tema armónico sin contradicción. Esta pieza crucial de evidencia se aprecia cuando uno recuerda que la Biblia la escribieron alrededor de treinta y cinco escritores diferentes que desempeñaban toda clase de actividades en la vida y que escribieron sobre diversos temas controversiales durante un período de 1500 años en tres continentes distintos.

Hay otras razones por las cuales creemos que Dios inspiró la Biblia; no obstante, las que se han expuesto hasta ahora deberían ser suficientes como para convencer a los escépticos que posean una mentalidad abierta. Estas pruebas, sin que se las declare evidencias ineludibles, nos dan sin embargo una buena razón para creer que Dios inspiró la Biblia en su totalidad. En la meditación interna del alma es donde debe tomar una decisión el juez y jurado de la evidencia presentada. Para aquellos que tienen la tendencia a ser indecisos, las palabras de Pedro les hacen recordar: "Señor, ¿a quién iremos? Tú tienes palabras de vida eterna" (Juan 6:68).

Repaso

1. ¿Qué significa la palabra *Biblia*?

_____

_____

_____

_____

2. Describe en pocas palabras de qué trata la Biblia.

_____

_____

_____

_____

_____

3. ¿Qué papel ocupa Jesús al establecer que la Biblia es la Palabra de Dios?_____

_____

_____

_____

_____

_____

4. ¿Qué significa "inspiración"?_____

_____

_____

_____

_____

_____

5. ¿Cómo sabemos que los libros del Nuevo Testamento están inspirados por Dios? Escribe dos versículos como parte de tu respuesta.

_____

_____

_____

_____

_____

_____

6. ¿Qué papel ocupa el Espíritu Santo en el proceso de inspiración? Escribe un versículo con tu respuesta._____

_____

_____

_____

_____

_____

_____

7. ¿Cómo demuestra la Biblia misma la evidencia de la inspiración?

_____

_____

_____

_____

_____

_____

CAPÍTULO 13
Respuestas sabias

Situación

Los cuatro alumnos de escuela secundaria van camino a casa en el automóvil de Pedro después de la reunión de estudio bíblico.

Juan: ¿Saben una cosa? Dios, Jesús, el Espíritu Santo, la Biblia, todo esto está empezando a tener sentido para mí.

Sara: Seguro que Él nos ama.

Yanina: Exactamente. Jesús es amor y murió para salvarnos.

Pedro: Él murió para que nosotros pudiéramos vivir en el cielo por la eternidad. Y, Juan, ¿qué te parece esta alternativa?

Juan: Me entusiasma bastante. Creo que Sara y yo queremos ir con ustedes a las reuniones en la iglesia los domingos por la mañana y los miércoles por la noche.

Pedro: ¿Y qué hacemos con las olas los domingos por la mañana?

Juan: Yo lo veo de este modo, Pedro: el cielo tiene que ser más placentero que las olas mortíferas de dos metros (seis pies) de altura. Yo quiero estar en una surfeada eterna.

Yanina: Ese es el sueño de mi hermano.

Sara: ¿Saben dónde podemos conseguir dos Biblias para leerlas y entender lo que dicen?

Yanina: ¿No tienen Biblias en su casa?

Juan: Jamás he visto una. Nuestros padres no andan en esas cosas.

Pedro: Le voy a pedir al pastor de jóvenes que te consiga dos Biblias.

Juan: Sara, ¿te puedes imaginar cómo van a reaccionar mamá y papá cuando nos encuentren leyendo la Biblia?

Sara: Me parece que mamá va a querer leerla con nosotros.

Juan: Sí, es probable. ¿Y papá? Siempre está haciendo chistes acerca de los cristianos con mente cerrada. Pedro, ¿cómo hago para comenzar a hablar con él?

Pedro: Todavía practica surf, ¿verdad?

Juan: Un poco. Tiene una tabla antigua.

Pedro: Yo sé cuál es el momento perfecto. El domingo en mi casa alrededor de la una de la tarde cuando comienza a soplar el viento y el mar empieza a ponerse picado. Funcionó contigo, ¿no?

Juan: ¡Amén!

Preguntas

- ¿Cómo reaccionas cuando la gente ataca tu fe?
- ¿Qué les dices a las autoridades que tienen prejuicios en contra de tu fe?
- ¿Cómo conviertes una situación complicada en una oportunidad para testificar?

Propósito

Estar preparado para enfrentar los desafíos intelectuales y morales en contra de la fe cristiana que se presentan en el salón de clases del colegio y la universidad.

Objetivo

Estar equipado con varios principios que se pueden aplicar con éxito cuando a uno lo desafían con ideas anticristianas.

En este capítulo aprenderás...

- que el salón de clases del colegio o la universidad puede ser un lugar intelectualmente estimulante y, asimismo, mostrarse antagónico y prejuicioso frente a las ideas cristianas,
- que hay varios principios que pueden aplicar los creyentes dentro del salón de clases a fin de convertir una reacción potencialmente incontrolada en una acción controlada.

¿Cuál debe ser mi expectativa en relación a la universidad?

Es bueno obtener conocimiento a través de la educación universitaria. Proverbios 1:5 nos dice que "oirá el sabio, y aumentará el saber". El apóstol Pablo nos dice en Romanos 14:14 que "nada es inmundo en sí mismo". La mayoría de las escuelas y universidades han elaborado sus programas con el objeto de proporcionar una atmósfera en la cual se pueda aprender una gran cantidad de materias. Esta es la tarea que generalmente lleva a cabo un profesor que enseña un tema a lo largo de un determinado semestre. Entre las materias que se ofrecen a menudo se encuentran historia, matemáticas, ingeniería, literatura, filosofía, inglés, ciencia y, a veces, inclusive teología y religión.

En este momento podrías decir: "La universidad hasta aquí suena bastante normal, así que, ¿dónde está el problema?" Primero, debemos entender dónde no está el problema. Este no se encuentra necesariamente en la *expresión* de ideas que no están de acuerdo con el cristianismo. No obstante, existe un problema con las *suposiciones* injustas cuando se expresan ideas en contra de las creencias cristianas. Pero, ¿en qué consiste una "suposición injusta"? Una suposición injusta también se puede denominar "parcialidad" o "prejuicio". Recordemos, sin embargo, que no todas las parcialidades e injusticias son erróneas. Por ejemplo, la mayoría de nosotros somos parciales en cuanto al bien y tenemos prejuicios en contra de los actos inmorales. Esta parcialidad inclusive se extiende a nuestros legisladores gubernamentales, quienes expresan claramente una inclinación a favor de la paz, la seguridad y el derecho a disfrutar de la vida. Todas las personas racionales tienen parcialidades.

La cuestión está en que la inclinación que uno posee sea correcta y se la presente de manera justa. Una parcialidad injusta ocurre cuando los profesores o los compañeros de clase tratan a los alumnos en forma desigual o efectúan declaraciones que están basadas en suposiciones falsas. El problema de la parcialidad injusta puede tener como blanco al cristianismo como religión o a aquellos que creen que este es la verdad. La meta implícita de estos prejuicios en la mayoría de los casos es adecuar o influir el pensamiento de los oyentes por medio de la intimidación o la presión de los demás compañeros para que crean que los cristianos y/o el cristianismo es irracional, aburrido, no creíble, intolerable, cerrado, arcaico e imposible. Observa los siguientes ejemplos de declaraciones que reflejan una parcialidad injusta. Trata de detectar la suposición indebida.

1. "Todas las personas racionales saben que la evolución es verdad".

2. "Todos los que estamos en esta clase creemos en el derecho que tiene la mujer para escoger el aborto, ¿no?"

3. "Ahora que el hombre moderno sabe que los milagros son imposibles, ¿cómo interpretamos el mito de la resurrección de Jesús?"

4. "Puesto que todas las personas informadas entienden que nadie posee la verdad, ¿cómo podemos encarar las discusiones dentro de nuestro salón de clases?"

5. "Todas las personas instruidas saben que los principios morales son relativos".

La mayoría de los ejemplos de arriba contienen ataques en contra de la racionalidad y la credibilidad de los alumnos creyentes en su punto de vista del mundo. Es decir, si no crees lo que se dice en los ejemplos, se te considera desinformado, irracional, sin inteligencia, con mente estrecha y anticuado. Esto parece constituir una fuerza poderosa ya que nadie quiere que sus amigos lo coloquen dentro de esas categorías indeseables, especialmente en una institución de educación superior. Las parcialidades también pueden ocurrir en relación a las calificaciones y al mostrar tendencias durante las discusiones en clase. La buena noticia es que existen varios principios bíblicos que se pueden aplicar en el salón de clases a fin de asegurar la integridad y la confiabilidad del punto de vista cristiano del mundo.

S-A-B-I-O-S

¿Cómo respondemos cuando se ataca al cristianismo dentro del salón de clases? Desafortunadamente y en la mayoría de los casos, cuando se desafía o confronta a los alumnos con una parcialidad o un punto de vista alternativo, estos reaccionan con una airada explosión emocional. La clase queda inmediatamente anonadada mientras el alumno se desliza en su asiento reflejando la expresión salvaje de un profeta que lanza fuego y azufre. La manera en que el alumno trata el tema también es importante aun cuando se encuentre del lado correcto del asunto.

Si te encuentras con parcialidades dentro del salón de clases, hay seis principios bíblicos que te pueden ayudar a responder de manera inteligente sin comprometer ni al cristianismo ni tu carácter.[1] Estos principios se pueden recordar fácilmente por medio del acróstico S-A-B-I-O-S.

Sentarse con el Salvador

Este principio nos insta a pasar tiempo con Cristo. No existe sustituto para un encuentro amoroso con el Creador del universo cuando hay que prepararse para la batalla. Todos deseamos responder a los ataques de manera razonable, así que tiene sentido acercarse a Aquel "en quien están escondidos todos los tesoros de la sabiduría y del conocimiento (Col. 2:3). ¿Cómo hacemos para acercarnos a Él y volvernos sabios y llenos de conocimiento? Proverbios 1:7 dice: "El principio de la sabiduría es el temor de Jehová". No hay mejor fundamento sobre el cual construir una respuesta apropiada que ponerse en contacto con el Señor por medio de la oración, la adoración y la meditación en su Palabra. Puede ser que haya algo importante que quiera decirte durante el tiempo que pases con Él.

Andar en la Palabra

Al sumergirte en la Palabra de Dios ocurren dos cosas importantes. Primero, te aseguras obtener una mente sobria y alerta por medio de la cual puedas discernir lo verdadero de lo falso y lo correcto de lo incorrecto. Tus antenas espirituales desarrollarán una característica particular para detectar el error (Heb. 5:11-14). Esto se debe a que la Biblia se ubica como el patrón final por medio del cual se juzgan las ideas más cruciales. Pablo le escribió a Timoteo que "toda la Escritura es inspirada por Dios, y útil para enseñar, para redargüir, para corregir, para instruir en justicia, a fin de que el hombre de Dios sea perfecto, enteramente preparado para toda buena obra" (2 Tim. 3:16-17).

El segundo beneficio de andar en la Palabra es que la relación que tienes con Dios por medio de las Escrituras produce un efecto santificador y purificador (Ef. 5:26; 1 Cor. 6:11) que te mantiene arraigado y aferrado al Señor aun en un medio ambiente intelectualmente contaminado.

Buen comportamiento

Algunos de nosotros inconscientemente nos distanciamos de nuestros compañeros y profesores y recibimos reproches de parte de ellos. No sucede necesariamente por lo *que* decimos sino por *cómo* lo hacemos. Nuestras actitudes pueden ser un problema si no las controlamos desde un primer momento. El apóstol Pedro nos hace recordar que, cuando damos razones de lo que creemos, debemos hacerlo con "mansedumbre y reverencia" (1 Ped. 3:15) y con amabilidad y respeto. Esto se debe a que lo primero que observan generalmente las personas cuando hablamos con ellas son nuestras actitudes. Las actitudes poseen el potencial de convertirse en un obstáculo inmenso que puede llegar a impedir que alguien entienda la posición que tienes en relación a un tema en particular, imposibilitando de este modo que se convierta al cristianismo. Más aún, debido a que la posición cristiana en relación a los temas generalmente se considera como la opinión más intolerante dentro del internado universitario, los demás alumnos tienden a observar y examinar tus acciones y actitudes en forma más detallada. Pedro dijo: "Teniendo buena conciencia, para que en lo que murmuran de vosotros como malhechores, sean avergonzados los que calumnian vuestra buena conducta en Cristo" (1 Ped. 3:16). Un buen comportamiento no sólo ayuda a darte credibilidad ante tus compañeros sino que es una representación positiva de Cristo.

El comportamiento dentro de la clase también tiene que ver con tu profesor. Aun si tienes una buena respuesta o punto de vista que refute un tema en particular, a nadie le gusta quedar mal ante los demás o que le pierdan el respeto, especialmente al estar frente a toda la clase. Si el maestro queda mal, es probable que hayas perdido la oportunidad de hablar en otras ocasiones acerca de otros temas cruciales. Tal vez sería mejor que hablaras con tu profesor después de la clase o que programaras un horario para reunirte en su oficina. La forma en que hacemos las cosas es tan importante como lo que hacemos en sí.

Investigar los temas

A menudo queremos reaccionar inmediatamente a los ataques en el momento en que suceden. Y a veces debería ser así, si es que tenemos conocimiento del tema como para responder y demostrar que hemos realizado una investigación correcta sin dar lugar a una simple explosión emotiva. Sí, nuestro andar con Cristo es fundamental para tener una respuesta apropiada; sin embargo, no nos libera de la responsabilidad de indagar diligentemente y estudiar para investigar. El apóstol Pablo fue un ejemplo perfecto de alguien que tenía un conocimiento acabado de los conceptos. En Hechos 17:16-34, Pablo comenzaba a testificarles a los filósofos paganos de Atenas cuando citó las palabras de dos poetas idólatras al decir: "Porque linaje suyo somos". El principal propósito de Pablo al utilizar esta cita era demostrarles a los filósofos que era irracional creer que los ídolos de oro, de plata y de piedra eran responsables de la existencia humana (17:29). En otras palabras, no tiene sentido creer que las personas (seres humanos) provienen de ídolos de piedra impersonales, o que los seres inteligentes (humanos) surgieron de materiales sin inteligencia como el oro, la plata o la piedra. De la misma manera, los que somos creyentes debemos investigar los temas antes de responder. La respuesta para el ataque de parte de tu profesor quizá se encuentre en Internet o impreso en algún libro de la biblioteca local. Reúne la información y luego prepárate para aplicar lo que investigaste cuando surja la próxima oportunidad. No te preocupes, Dios abrirá las puertas.

Oponerse a los obstáculos

Es raro que los estudiantes universitarios creyentes completen un semestre sin haber experimentado algún ataque en contra de su fe. Cuando surge el ataque, tenemos dos opciones: *no* hacer *nada* o hacer *algo*. La Biblia nos dice que tenemos que responder a los cuestionamientos y los ataques en contra de nuestra fe. Pedro dijo: "Estad siempre preparados para presentar defensa con mansedumbre y reverencia ante todo aquel que os demande razón de la esperanza que hay en vosotros" (1 Ped. 3:15). La Biblia no se detiene aquí. Pablo le habla a la iglesia de Corinto para que actúe "derribando argumentos y toda altivez que se levanta contra el conocimiento de Dios, y llevando cautivo todo pensamiento a la obediencia a Cristo" (2 Cor. 10:5). Tal como se mencionó anteriormente, deseamos ofrecer respuestas informadas y amables pero, ¿se extiende esto a *todos* los ataques o temas controversiales? No, debemos elegir las cuestiones de manera sabia; es mejor no tratar algunas cosas que son de menor importancia. Por ejemplo, el tema de que si la iglesia cristiana tenía mil o cinco mil miembros después de su primer año de existencia carece de importancia y no tiene ningún peso en relación a la veracidad del cristianismo; por lo tanto, hay que evitarlo. Las probabilidades de que tus compañeros y profesores se interesen en tu punto de vista se verán ampliamente favorecidas si no has malgastado tus palabras en asuntos triviales. Los temas que se deben tratar son la existencia de Dios, la posibilidad de los milagros, la deidad de Cristo, la confiabilidad histórica de la Biblia, la resurrección y la creación del universo. En otras palabras, todos los temas que se mencionaron en los capítulos anteriores son fundamentales para nuestra fe.

Someterse a la guía de un mentor

Agenda horarios regulares dentro de un determinado mes para reunirte con un mentor (2 Tim. 2:2), un amigo o maestro creyente maduro que esté dispuesto a encontrarse contigo ocasionalmente para orar o discutir temas difíciles que puedan surgir durante tus estudios. Te sorprendería ver la cantidad de creyentes que hay en los internados universitarios, sin mencionar a los profesores. Los puedes hallar a través de las iglesias locales y de los boletines y periódicos estudiantiles. Un buen mentor puede contribuir con varios componentes importantes tanto en tu vida educativa como en la espiritual mientras te encuentres en la universidad. Primero, tu mentor es la persona ante la cual necesitas dar cuenta de tu responsabilidad. Segundo, se convierte en tu líder al proporcionarte las mejores ideas cuando te enfrentas con circunstancias educativas y espirituales difíciles. Tercero, el compañerismo cristiano te protege del aislamiento y la soledad. La recomendación general es que tu mentor sea de tu mismo sexo. Finalmente, los mentores proveen una gran oportunidad para tener un compañero de oración.

Conclusión

La Biblia nos manda actuar en "defensa" de la fe (Fil. 1:7), pero no debemos estar a la defensiva. También debemos contender por la fe (Jud. 3) sin ser contenciosos. Tenemos que hablar la verdad pero hacerlo *en amor* (Ef. 4:15). Nunca quieras ganar una discusión y perder el alma. Pablo nos instó diciendo: "Sea vuestra palabra siempre con gracia… para que sepáis cómo debéis responder a cada uno" (Col. 4:6).

Repaso

1. Describe la diferencia entre suposiciones justas e injustas.

_____

_____

_____

_____

_____

_____

2. ¿Qué significa el acróstico S-A-B-I-O-S?

_____

_____

_____

_____

_____

3. ¿Cómo debes responder cuando alguna autoridad desafía tu fe?

_____

_____

_____

_____

_____

4. ¿Qué temas son dignos de tratar en clase?

_____

_____

_____

_____

_____

¿Qué hacer de ahora en más?

¡Felicitaciones! Has completado los fundamentos de la apologética. Pero, ¿qué debes hacer ahora? A continuación aparecen varias ideas que te pueden ayudar.

1. No hay nada mejor que familiarizarte con la Biblia. Varios pasajes asombrosos nos dan ejemplos de cómo aplicaron la apologética los héroes de la fe: 1 Reyes 18:17-40 nos narra el enfrentamiento apologético de Elías con los profetas de Baal; Hechos 17:16-34 relata la respuesta apologética que Pablo les dio a los filósofos estoicos y epicúreos de Atenas; Dios aplicó la apologética con Moisés en Éxodo 4:1-9. Luego investiga en los evangelios para descubrir cómo les respondió Jesús a los fariseos y los saduceos.

2. Continúa leyendo buenos libros referentes a cómo defender tu fe y ganar a otros para Cristo. Verifica la lista de "Lecturas recomendadas" de la página siguiente.

3. Recuerda repasar los capítulos sobre la apologética. Mantener fresca la información en tu mente te dará seguridad en cuanto a estar preparado para responder cuando Dios presente la oportunidad.

4. Lo más importante, recuerda la razón por la cual has aprendido a defender la Palabra de Dios. Es una herramienta para ayudarte a defender el cristianismo y alcanzar a otros para Cristo de una manera más eficaz.

Lecturas sugeridas

Anderson, Lynn. *¿Si realmente creo, por qué tengo dudas?* Betania, 1996.

Ankerberg, John. *La astrología.* Editorial Unilit, 1994.

Ankerberg, John. *Movimiento de la Nueva Era.* Editorial Unilit, 1994.

Armstrong, John H. *Un escrutinio de Roma.* Editorial Portavoz, 1997.

Bennet, Richard y Buckingham, Martin. *Lejos de Roma, cerca de Dios.* Editorial Portavoz, 1999.

Greeen, Michael. *¿Quién es este Jesús?* Caribe, 1994.

Hoff, David. *Defensa de la fe.* Editorial Mundo Hispano.

Hutchinson, Manis. *Misioneros Mormones.* Editorial Portavoz, 2000.

Jesús es Dios. Verdades Bíblicas, 1980

Jonson, Phillip A. *Proceso a Darwin.* Editorial Portavoz, 1995.

Luce, Alice. *Evidencias Cristianas.* Editorial Vida, 1965.

McCarthy, James G. *El evangelio según Roma.* Editorial Portavoz, 1996.

McDowell, Josh. *Evidencia que exige un veredicto.* Editorial Vida, 1982.

McDowell, Josh. *Nueva evidencia que demanda un veredicto.* Editorial Mundo Hispano, 2003.

Monroy, Juan Antonio. *Apuntando a la torre.* Editorial Clie.

Padilla, C. René. *Los derechos humanos y el Reino de Dios.* Ediciones Puma, 1994.

Robertson, Irving. *¿Qué creen las sectas?* Casa Bautista de Publicaciones, 1999.

Ropero, Alfonso. *Nueva Era de Intolerancia.* Editorial Peregrino, 1995.

Vila, Samuel. *A Dios por el átomo.* Editorial Clie.

Vila, Samuel. *A las fuentes del Cristianismo.* Editorial Clie.

Zacharias, Ravi. *¿Puede el hombre vivir sin Dios?* Caribe, 1995.

Notas

Introducción

1. Adaptado de William J. Bennett, *The Index of Leading Cultural Indicators* [Índice de los indicadores culturales más importantes] (New York: Simon & Schuster, 1994).

2. G. Richard Bozarth, "On Keeping God Alive" [Mantener vivo a Dios], *American Atheist* [Ateo norteamericano] (Noviembre 1977), 8. Citado en John Whitehead, *Texas Law Review* [Publicación legal de Texas] (Invierno 1978), 40.

3. *Humanist Manifestos I and II* [Manifiestos humanistas I y II], Paul Kurtz, ed. (Amhesrt: Prometheus Books, 1973), 17.

4. Fuente: Congressional Quarterly. Citado en William Bennett, *The Index of Leading Cultural Indicators* [Índice de los indicadores culturales más importantes] (New York: Simon & Schuster, 1994), 83.

5. J. P. Moreland, *Love Your God with All Your Mind* [Ama a tu Dios con toda tu mente] (Colorado Springs: NavPress, 1997), 28.

6. Ver George Barna, Research Archives: *Teenagers' Beliefs Moving Farther from the Biblical Perspectives* [Archivos de investigación: Creencias adolescentes que van más allá de las perspectivas bíblicas] (23 de octubre de 2000), en www.barna.org.

7. Carl Henry, *The Christian Mindset in a Secular Culture* [El pensamiento cristiano en la cultura secular] (Portland: Multnomah, 1984) 145-46, tal como se cita en Moreland, *Love Your God with All Your Mind* [Ama a tu Dios con toda tu mente], 28.

Capítulo 1

1. Para más información ver Norman L. Geisler, *Baker's Encyclopedia of Christian Apologetics* [Enciclopedia Baker de apologética cristiana] (Grand Rapids: Baker Books, 1999), 41-44, 607-608.

2. Ib., 607.

3. Ib., 239-243. Ver también Norman Geisler y Thomas Howe, *When Critics Ask* [Cuando los críticos preguntan] (Wheaton: Victor Books, 1992), 526-27.

Capítulo 2

1. Norman L. Geisler y Ronald M. Brooks, *When Skeptics Ask* [Cuando los escépticos preguntan] (Wheaton: Victor Books, 1990), 9-14.

Capítulo 3

1. Este capítulo está basado en "The Nature of Truth" [La naturaleza de la verdad] por Norman L. Geisler, *Baker's Encyclopedia of Christian Apologetics* [Enciclopedia Baker de apologética cristiana] (Grand Rapids: Baker Books, 1999), 741-45.

2. Norman L. Geisler y Ronald M. Brooks, *When Skeptics Ask* [Cuando los escépticos preguntan] (Wheaton: Victor Books, 1990), 260-63.

3. Ib., 263-65.

4. Allan Bloom, *The Closing of the American Mind: How Higher Education Has Failed Democracy and Impoverished the Souls of Today's Students* [El cierre de la mente norteamericana: Cómo la Educación Superior ha perjudicado la democracia y empobrecido las almas de nuestros estudiantes] (New York: Simon & Schuster, 1987), 25.

Capítulo 4

1. Ver Fred Heeren, *Show Me God: What the Message from Space Is Telling Us about God* [Muéstrenme a Dios: Qué nos dice sobre Dios el mensaje del espacio], vol. 1 (Wheeling, Ill.: Searhlight Publications, 1995).

2. Ib., 81, 102-104.

3. Ver William A. Dembski, *Intelligent Design: The Bridge between Science and Theology* [Diseño inteligente: el puente entre la ciencia y la teología] (Downers Grove: IVP, 1999).

4. Ver Norman L. Geisler, *Baker's Encyclopedia of Christian Apologetics* [Enciclopedia Baker de apologética cristiana] (Grand Rapids: Baker Books, 1999), 276-83.

5. Richard Dawkins, *The Blind Watchmaker* [El relojero ciego] (New York: W. W. Norton & Co., 1987), 17-18, 116.

6. Michael J. Behe, *Darwin's Black Box: The Biochemical Challenge to Evolution* [La caja negra de Darwin: el desafío bioquímico a la evolución] (New York: The Free Press, 1996), 232.

7. Hugh Ross, *The Fingerprint of God* [Las huellas digitales de Dios] (Orange, California: Promise Publishing Co., 1991), 130-31.

Capítulo 5

1. Para entender fácilmente un libro que exponga los errores de la evolución, ver Phillip E. Johnson, *Defeating Darwinism by Opening Minds* [Derrote al darwinismo mediante la apertura de mentes] (Downers Grove: InterVarsity Press, 1997). Para una lectura más avanzada desde un punto de vista no cristiano, ver Michael Denton, *Evolution: A Theory in Crisis* [Evolución: una teoría en crisis] (Bethesda: Adler & Adler, 1985).

2. Para más información sobre la evolución química, llamada también "evolución prebiológica", ver Phillip E. Johnson, *Darwin on Trial* [Juicio a Darwin] (Downers Grove: IVP, 1991), 102-112, 199-200.

3. Charles Darwin, *The Origin of Species* [El origen de las especies], Great Books Series (New York: Random House, 1993), 232.

4. Michael J. Behe, *Darwin's Black Box: The Biochemical Challenge to Evolution* [La caja negra de Darwin: el desafío bioquímico a la evolución] (New York: The Free Press, 1996).

5. Ib., 39-48.

6. Richard Dawkins, *The Blind Watchmaker* [El relojero ciego] (New York: W. W. Norton & Co., 1987), 21.

7. Norman L. Geisler, *Baker's Encyclopedia of Christian Apologetics* [Enciclopedia Baker de apologética cristiana] (Grand Rapids: Baker Books, 1999), 224-28.

8. Ver el excelente libro de Jonathan Wells, *Icons of Evolution* {Íconos de la evolución] (N.Y.: Regnery Publishing, 2000).

9. Ver Duane T. Gish, *Evolution: The Fossils Say No* [Evolución: los fósiles dicen no] (San Diego: Creation Life Publishing, 1981).

10. Charles Darwin, *On the Origin of Species* [El origen de las especies] (New York: Random House, Inc., 1993), 227.

11. Stephen J. Gould, "The Return of Hopeful Monsters" [El regreso de los aspirantes a monstruos], *Natural History* [Historia natural] 86, N°6 (junio de 1977): 24.

12. Stephen J. Gould, "Evolution's Erratic Pace" [El ritmo irregular de la evolución], *Natural History* [Historia natural] 86, N°5 (mayo de 1977): 14-15.

13. David M. Raup, "Conflicts between Darwin and Paleontology" [Conflictos entre Darwin y la paleontología], *Field Museum of Natural History Bulletin* 50, N°1 (enero de 1979): 15.

14. Michael Denton, *Evolution: A Theory in Crisis* [Evolución: una teoría en crisis] (Bethesda: Adler & Adler, 1985), 195.

15. Behe, *Darwin's Black Box* [La caja negra de Darwin], 187.

16. Geisler, *Encyclopedia of Apologetics* [Enciclopedia de apologética], 227-28.

17. Ver Marvin L. Lubenow, *Bones of Contention: A Creationist Assessment of Human Fossils* [Huesos de contención: una evaluación creacionista de los fósiles humanos] (Grand Rapids: Baker, 1992); Duane T. Gish, *Evolution: the Fossils Say No* [Evolución: los fósiles dicen no] (San Diego: Creation Life Publishers, 1981), 75-94, 125-30; Hank Hanegraaff, *The Face That Demonstrate the Farse of Evolution* [El rostro que demuestra la farsa de la evolución] (Nashville: Word Publishing, 1998).

18. Gráfico adaptado de Geisler & Brooks, *When Skeptics Ask* [Cuando los escépticos preguntan], 215.

19. Geisler y Anderson, *Origin Science* [Ciencia de los orígenes], 35.

20. *Humanists Manifestos I and II* [Manifiestos Humanistas I y II], Paul Kurtz, ed. (Amherst, N.Y.: Prometheus Books, 1973), 8.

21. Ib., 13-17.

22. En 1961 la Suprema Corte afirmó que el humanismo secular es una religión protegida por la primera enmienda en el caso de *Torcaso vs. Watkins*. El humanista John Dewey concluye su libro *A Common Faith* [Una fe en común] (Yale University Press, 1934), 87, con un llamado explícito y militante a establecer al humanismo como la "fe en común" de la humanidad. El libro termina: "Aquí están los elementos de una fe religiosa que no estará confinada a secta, clase o raza. Tal fe siempre ha sido implícitamente la fe en común de la humanidad. Perdura para hacerla explícita y militante."

23. Ver Norman L. Geisler y J. Kerby Anderson, *Origin Science: A Proposal for the Creation-Evolution Controversy* [Ciencia de los orígenes: Una propuesta para la polémica entre la creación y la evolución] (Grand Rapids: Baker, 1987).

24. Ib., 39-40.

25. Robert Jastrow, *God and the Astronomers* [Dios y los astrónomos], 2° ed. (New York y Londres: W. W. Norton & Company, 1992), 107.

Capítulo 7

1. Norman L. Geisler y Ronald M Brooks, *When Skeptics Ask* [Cuando los escépticos preguntan] (Wheaton: Victor Books, 1990), 60-61.

2. Geisler, *Encyclopedia of Apologetics* [Enciclopedia de apologética], 219-24.

3. Norman L. Geisler, *Roots of Evil* [Raíces del mal] (Waco: Word Publishing, 1989), capítulos 4 y 5.

Capítulo 8

1. Norman L. Geisler, *Miracles and the Modern Mind: A Defense of Biblical Miracles* [Los milagros y la mente moderna: una defensa de los milagros bíblicos] (Grand Rapids: Baker Books, 1992), 14.

2. Para exponer a los mentalistas, los farsantes y los fenómenos espirituales falsos, ver André Kole y Jerry MacGregor, *Mind Games* [Juegos de la mente] (Eugene, Ore.: Harvest House, 1998).

3. Norman L. Geisler, *Signs and Wonders* [Señales y maravillas] (Wheaton: Tyndale House, 1988), 152-54.

4. Geisler, *Signs and Wonders* [Señales y maravillas], 73.

5. Para una exposición completa sobre los Milagros, ver Norman L. Geisler, *Baker's Encyclopedia of Christian Apologetics* [Enciclopedia Baker de apologética cristiana] (Grand Rapids: Baker Books, 1999), 449-468.

6. Ib., 458.

7. Para una lectura más avanzada, ver *In Defense of Miracles: A Comprehensive Case of God's Action in History* [En defensa de los milagros: un caso exhaustivo sobre el obrar de Dios en la historia], Douglas Geivett y Gary Habermas, eds. (Downers Grove: InterVarsity Press, 1997) y C. S. Lewis, *Miracles* [Milagros] (New York: Simon & Schuster, 1975).

Capítulo 9

1. Tácito, *The Annals of Imperial Rome* [Los anales de la Roma imperial], ed. rev., Michael Grant, traductor (Londres y New York: Penguin Books, 1989), 365. Para más información sobre evidencias para la vida de Jesús, ver Gary R. Habermas, *The Historical Jesus: Ancient Evidence for the Life of Christ* [El Jesús histórico: evidencia antigua de la vida de Cristo] (Joplin, Mo.: College Press, 1996).

2. Seutonio, The Twelve Ceasars [Los doce césares], ed. rev., Michael Grant, traductor (Londres y New York: Penguin Books, 1989), 202, 221.

3. A. N. Sherwin-White, *Roman Law and Roman Society in the New Testament* [Ley y sociedad romanas en el Nuevo Testamento] (Grand Rapids: Baker Books, 1963), 189.

4. Colin J. Hermer, *The Book of Acts in the Setting of Hellenistic History* [El libro de Hechos en la historia helenista] (Winona Lake, Ind.: Eisenbrauns, 1990), 376-382.

5. Ib., 108-158.

6. Nelson Glueck, *Rivers in the Desert: A History of the Negev* [Ríos en el desierto: historia del Neguev] (New York: Farrar, Strauss & Cudahy, 1959), 31.

7. Millar Burrows, *What Mean These Stones?* [¿Qué significan estas piedras?] (New Haven: American Schools of Oriental Research, 1941), 1.

8. W. M. Ramsey, *The Bearing of Recent Discovery in the Trustworthiness of the New Testament* [La importancia de los descubrimientos recientes en la veracidad del Nuevo Testamento] (Grand Rapids: Baker Books, 1953), 222, en Josh McDowell, *The New Evidence That Demands a Verdict* [La nueva evidencia que exige un veredicto] (Nashville: Thomas Nelson Publishers, 1999), 63.

9. William F. Albright, *The Biblical Period from Abraham to Ezra* [El período bíblico desde Abraham hasta Esdras] (New York: Harper & Row, 1960), 1-2, en McDowell, *Evidence* [Evidencia]*: Vol. I*, 67.

10. Ver André Kole y Jerry MacGregor, *Mind Games* [Juegos de la mente] (Eugene, Ore.: Harvest House, 1998), 37-52, y Norman L. Geisler, *Signs and Wonders* [Señales y maravillas] (Wheaton: Tyndale House, 1988), 52-54).

Capítulo 10

1. Para más información sobre la deidad de Cristo antes de su nacimiento, ver Ron Rhodes, *Christ before the Manger: The Life and Times of the Preincarnate Christ* [Cristo ante el pesebre: la vida y el tiempo del Cristo preencarnado] (Grand Rapids: Baker Books, 1992).

2. Para más profecías cumplidas, ver Rhodes, *Christ before the Manger* [Cristo ante el pesebre], 235-36.

3. Ron Rhodes, *Reasoning from the Scriptures with the Jehovah's Witnesses* [Cómo razonar las Escrituras con los testigos de Jehová] (Eugene: Harvest House, 1993), 135-36.

4. Norman L. Geisler y Thomas Howe, *When Critics Ask* [Cuando los críticos preguntan] (Wheaton: Victor Books, 1992), 420.

5. Ib., 472.

6. Norman L. Geisler y Ronald M. Brooks, *When Skpetics Ask* [Cuando los escépticos preguntan] (Wheaton: Victor Books, 1990), 113.

7. Ver Simon Greenleaf, *The Testimony of the Evangelists* [El testimonio de los evangelistas] (Grand Rapids: Kregel, 1995).

Capítulo 11

1. Norman L. Geisler, *Baker's Encyclopedia of Christian Apologetics* [Enciclopedia Baker de apologética cristiana] (Grand Rapids: Baker Books, 1999), 644-670.

2. Para más información sobre problemas con el hipnotismo y la regresión de la vida pasada, ver André Kole y Jerry MacGregor, *Mind Games* [Juegos de la mente] (Eugene, Ore.: Harvest House, 1998), 141-50.

3. Ver Norman L. Geisler, *The Battle for the Resurrection* [La batalla de la resurrección], ed. actualizada (Nashville, Thomas Nelson Publishers, 1992), 66-86.

4. William D. Edwards, M.D., y otros, "On the Physical Death of Jesus Christ" [Sobre la muerte física de Jesucristo], *Journal of the American Medical Society* 255:11 (21 de marzo de 1986), 1463.

5. Para más información sobre el testimonio no cristiano en relación a Cristo, ver F. F. Bruce, *Jesus and Christian Origins Outside the New Testament* [Jesús y los orígenes cristianos fuera del Nuevo Testamento] (Grand Rapids: Eerdmans, 1974).

6. Tácito, *Annals of Imperial Rome* [Anales de la Roma imperial], trad. por Michael Grant (New York: Penguin Classics, 1989), 365.

7. Flavio Josefo, *The Complete Works of Josephus* [Obras completas de Josefo], trad. por William Whiston (Grand Rapids: Kregel, 1981), 379.

8. Citado de Gary R. Habermas, *The Historical Jesús: Ancient Evidence for the Life of Christ* [El Jesús histórico: evidencia antigua de la vida de Cristo] (Joplin: College Press, 1996), 203, quien citó de la lectura en *The Babylonian Talmud* [El Talmud babilónico], trad. por I. Epstein (Londres: Socino, 1935), vol. III *Sanhedrin* 43a, 281. Ver también Gálatas 3:13 y Lucas 23:39 para el uso de la palabra *colgado*. Se puede referir a la crucifixión.

9. Luciano, *The Death of Peregrine* [La muerte del peregrino], 11-13, en *The Works of Lucian of Samosata*, trad. H. W. Fowler y F. G. Fowler, vol. 4 (Oxford: Clarendon, 1949).

10. Para una refutación de esta teoría, ver Frank Morrison, *Who Moved the Stone?* [¿Quién movió la piedra?] (Grand Rapids: Zondervan, 1978), 97ss.

11. Para una lectura avanzada sobre este tema, ver Robert H. Gundry, *Sôma in Biblical Theology* (Grand Rapids: Zondervan, 1987).

Capítulo 12

1. Ver Norman L. Geisler y William E. Nix, *A General Introduction to the Bible: Revised and Expanded Edition* [Introducción general a la Biblia: edición ampliada y revisada] (Chicago: Moody Press, 1986), 21.

2. Ib., 27-29.

3. Ib., 51.

Capítulo 13

1. Ver J. Budziszewski, *How to Stay Christian in College: An Interactive Guide to Keeping the Faith* [Cómo seguir siendo cristiano en la universidad: una guía interactiva para mantener la fe] (Colorado Springs: NavPress, 1999), 119-28.